역전의 승부사
제시 리버모어

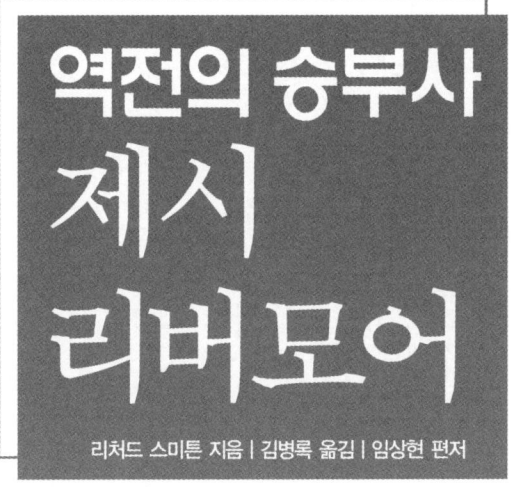

역전의 승부사 제시 리버모어

리처드 스미튼 지음 | 김병록 옮김 | 임상현 편저

World's Greatest Stock Trader
Jesse Livermore

역전의 승부사
제시 리버모어

초판 1쇄 인쇄 2009년 7월 10일
초판 1쇄 발행 2009년 7월 30일

지은이 | 리처드 스미튼
옮긴이 | 김병록
편저 | 임상현
펴낸이 | 전익균

이사 | 송영욱
편집장 | 김남희
기획·편집 | 김미화, 이미순
디자인 | 이호영
마케팅 | 오정민
경영지원 | 최예란
외주 스텝 | 한정수(교정)

찍은곳 | 예림인쇄
출력 | 한국커뮤니케이션
제본 | 바다제책

펴낸곳 | (주)새빛에듀넷
주소 | 서울 강남구 역삼동 723-28 영빌딩 1, 2층
전화 | 02-3442-4393~4   팩스 | 02-3442-6771
e-mail | svinvest@hanmail.net   홈페이지 | www.assetclass.co.kr
등록번호 | 제16-4043호   등록일자 | 2006. 11. 28

값 13,000원

ISBN 978-89-92873-44-4 (03320)

"시장은 항상 옳다.
시장을 평가하지 말고 비난하지 마라.
시장을 추종하라."

내가 열세 살이었을 때, 우리 아버지는 제시 리버모어라는 불세출의 위대한 주식 트레이더에 대해 이야기해주셨다. 나는 리버모어가 주식 트레이딩에 새로운 기준을 세웠다는 전설을 경청하였다. 나는 그 이야기에 매혹되어 열네 살이 되기 전부터 리버모어에 관한 책을 읽기 시작했다.

리버모어는 거대한 비밀과 미스터리 그리고 침묵에 휩싸인 사람이었다. 그는 자기 감정을 통제하려고 노력하였고, 결국에는 우리 모두가 겪는 '인간적인 감정'이라는 약점을 극복할 수 있었다. 무엇보다도 그에게는 승부사 기질이 있었으며, 늘 최선을 다했다.

많은 독자들은 금융 저널리스트 에드윈 르페브르의 베스트셀러 『어느 주식투기꾼의 회상』에 등장하는 래리 리빙스톤을 통해 제시 리버모어와 이미 친숙할 것이다. 1923년 처음 출간된 『어느 주식투기꾼의 회상』은 리버모어의 삶을 소설화한 것이다. 『어느 주식투기꾼의 회상』이 최고의 금융서라는 점은 누구도 부인할 수 없다. 수

세대에 걸친 트레이더와 투자자 그리고 시장관계자들이 이 위대한 트레이더의 전략을 통해 통찰력을 얻고 군중심리와 마켓 타이밍을 이해하기 위해 이 책을 읽었다.

『어느 주식투기꾼의 회상』과 리버모어가 직접 쓴 책인 『주식투자 기법』을 읽은 후, 나는 리버모어의 삶에는 뭔가 더 많은 이야기거리가 있다는 걸 깨달았다. 기존의 책 두 권으로는 제시 리버모어를 제대로 알 수 없었다. 나는 리버모어의 경력과 개인사를 파고들기 위해 2년간의 여행에 착수했다. 그 과정에서 리버모어의 두 아들 중에서 아직 생존해 있는 폴 리버모어를 인터뷰할 수 있었는데, 그는 이책을 위해 최초로 부친의 삶을 증언한 셈이다. 나는 또한 제시 리버모어 주니어의 부인인 패트리샤 리버모어를 인터뷰했다. 그녀는 리버모어 주니어의 두 번째 아내이고, 두 아들의 생모인 도로시 리버모어와 절친한 친구사이이기도 했다.

유명한 금융가인 J.P.모건과 마찬가지로 리버모어는 일생동안 심한 우울증에 시달렸다. 그 당시엔 이런 증상에 대한 치료법이 없었고, 그는 결국 1940년에 자신의 손으로 인생을 마감한다.

리버모어는 조용하고 말이 없었지만 최상류층에서 매우 화려하고 흥미진진한 삶을 살았다. 개인적으로 그는 1929년 대공황의 주범으로 비난받았으며 수많은 암살과 납치 위협에도 시달려야 했다. 그는 아름다운 쇼걸과 결혼하여 두 아들을 낳았는데, 그 중 하나는 결국 친어머니에게 총상을 입게 된다.

이 책은 진정한 남자이자 승부사였던 제시 리버모어에 관한 완벽한 자서전이다. 이 책은 그의 삶을 연대기적으로 샅샅이 훑으며 당시로서는 혁명적이었고 오늘날에도 여전히 혁명적인 그만의 선구자적 트레이딩 기법을 공개한다.

이 책에는 대략 네 가지 주제가 담겨 있다.

첫째, 인간의 본성은 변하지 않는다는 것이다. 그러므로 주식시장은 결코 변하지 않는다. 얼굴과 자본, 바보들과 작전세력, 전쟁, 재앙 그리고 기술만 변화할 뿐이다. 시장 자체는 결코 변하지 않는다. 어떻게 그럴 수 있는가? 인간본성은 결코 변하지 않기 때문에 인간본성에 따라 움직이는 시장 역시 그러한 것이다. 시장은 이성적이지도 않고 경제학 이론대로 움직이지도 않으며 논리적이지도 않다. 이 세상 대부분의 현상이 그러하듯 시장을 움직이는 것은 '인간의 감정'이다.

둘째, 물질적 목표와 직업적 야망의 성취는 '행복한 인생'의 필요충분조건일 수 없다. 성공과 행복 사이에는 아무런 상관관계가 없다. 천문학적 부(富)와 감정적 충만감 사이에는 완벽한 등식이 성립하지 않는다.

셋째, 우리 개개인으로 하여금 목표를 달성하게 하는 것은 우리의 의지일 뿐 지식은 아니다. 재능만으로는 부족하다. 행운만으로도 부족하다. 힘든 일을 견딜 수 있게 하고 엄청난 노력을 가능하게 하는 의지만이 불가능한 일을 가능하게 만든다. 지름길은 없다. 쉬운 길은 절대 없다. 이 책을 읽으며 알게 되겠지만, 주식시장에서는 특히 더 그렇다.

마지막으로, 인류사의 위대한 발견을 이끌었던 것은 집단이 아니라 개인이라는 점이다. 위대한 사상과 부 그리고 테크놀로지, 정치, 의료에 있어 획기적인 전진은 집단이 아니라 개인의 아이디어와 의지에서 비롯되었다. 시장에서 생존하는 방법은 여러 가지다. 수백 가지의 이론과 기법, 시스템 그리고 전략이 존재한다. 이 책은 그중에서 리버모어의 방식을 소개하고 있다. 어떻게 성공적으로 투자하여 돈을 만들어낼 것인가에 대한 그만의 비법이 이 책 한 권에 모두 담겨 있다. 리버모어의 삶에 관한 광범위한 조사는 그의 가족과의 인터뷰, 개인적인 서한, 당시 신문기사 그리고 리버모어 자신의 저작에 기반을 두고 있다. 리버모어가 활약하던 시대를 생생하게 묘사하기 위해 그리고 한 남자로서 제시 리버모어를 보다 선명하게 형상화하기 위해 일부 시적인 표현이 사용되었다. 특정 부분에 등장하는 대화는 그의 가족이 내게 말해준 대로 기술하였다.

이 책을 읽고 난 후, 제시 리버모어만큼 탁월한 투기꾼은 앞으로도 결코 등장할 수 없을 것이라는 생각에 독자들도 동감할 것이라 믿어의심치 않는다.

Contents

2부
리버모어의 투자기법

월스트리트에서 또는 주식투자에 있어 새로운 것은 하나도 없다.
과거에 벌어졌던 일이 앞으로도 자꾸 반복해서 일어날 것이다.
인간의 본성이 변하지 않기 때문이고,
인간의 감정이 항상 인간의 지성에 끼어들기 때문이다.

1부

리버모어의 인생역정

"시세는 언제나 옳다. 틀린 쪽은 언제나 사람이다."

1

타고난 트레이더의 운명

시장에 숨어 있는 암호를 풀고 나만의 거래방식을 개발하라

제시 리버모어는 1877년 7월 26일, 미국 메사추세츠 주의 가난한 농촌 쉬루즈베리에서 태어났다. 부친의 이름은 하이램(Hiram Livermore), 모친의 이름은 로라(Laura)였다. 리버모어의 아버지는 뉴잉글랜드의 척박한 땅을 일구며 생계를 꾸려가던 가난한 농부였다. 그는 제시가 갓난아기였을 때 자신의 농장을 잃고 제시의 할아버지와 살림을 합치기 위해 메사추세츠의 팍스톤으로 옮겨왔다. 그리고 우여곡절 끝에 사우스액톤에 손바닥만 한 농장부지를 살 정도의 돈을 모을 수 있었다.

어린 제시는 온통 돌로 뒤덮인 뉴잉글랜드의 땅을 갈아 농사를

짓고 산다는 것이 어떤 인생인지를 재빨리 알아차렸다. 쟁기에 걸려 나오는 큰 돌멩이를 치우는 것이 그의 생애 첫 번째 일이었다. 20세기 초 메사추세츠의 조그만 땅뙈기를 일궈 목구멍에 풀칠한다는 것은 매우 고단한 일상이었다. 등허리가 휘는 고된 노동 뒤에 남는 것이라고는 알량한 한 끼 식사가 고작이었다.

소년 시절 리버모어는 비쩍 마른데다 병치레가 잦았다. 덕분에 그는 많은 독서를 하게 되었고, 특히 손에 잡히는 신문과 잡지라면 빠짐없이 읽게 되었다. 그는 구할 수 있는 책이란 책은 모두 탐독하였고, 책 속에서 새롭게 열리는 세계에 빠져들어 자신만의 상상의 나래를 펼쳤다.

그는 상상력이 풍부했고 영리했으며, 연역적 사고를 통해 논리적인 결론에 도달하는 법을 알게 되었다. 오래지 않아 그는 뉴잉글랜드의 혹독한 농사일로는 결코 인생의 성공에 도달할 수 없다고 결론지었다.

리버모어의 아버지는 감정표현을 쉽게 하지 않는 냉정하고 과묵한 사람이었다. 그는 삶에 대한 필사적이고 진지한 태도로 자신의 가족을 성실히 지키고 있었다. 반면에 리버모어의 어머니는 자애롭고 상냥하여 재능있는 아이에게 많은 시간을 할애해주었다.

학교에서 리버모어는 특히 수학에 탁월한 재능을 보였다. 그는 번번이 암산으로 방정식을 계산하여 해(解)를 내놨으며, 배운 것 이외의 해법을 이용해 시험문제를 풀 줄도 알았다. 한번은 선생님과 복잡한 수학문제를 푸는 시합을 벌이기도 했다. 물론 그가 이겼다. 그는 결국 수학과목을 월반하여 자신의 학구열을 충족시킬 만한 고급과정에서 공부할 수 있었다.

그에게 수학은 친구처럼 익숙했다. 3년의 수학과정을 1년 만에 끝낼 수 있을 정도였다. 그는 수많은 숫자들을 패턴화하여 자신의 머릿속에 담아두었다. 일단 패턴화된 숫자들은 계산기 같은 그의 머릿속에 차곡차곡 정리되었다가 필요할 때마다 호출되었다.

리버모어가 13살이 되자 그의 아버지는 단순한 농부의 삶에는 더 이상 교육이 필요하지 않다고 생각했다. 리버모어가 14살이 되자 아버지는 그를 학교에서 데려와 작업복을 입혔다. 아버지는 리버모어에게 농부가 될 것을 명령했다. 남자라면 가족을 위해 일을 해야만 한다는 논리였다.

그러나 리버모어는 영민했다. 아버지의 바람대로 행동하려는 듯 보이면서도 사실 그는 어머니의 도움을 받아 도망칠 궁리를 하고 있었다. 결국 어린 리버모어는 어머니가 쥐어준 5달러를 주머니에 쑤셔넣고 농장을 몰래 빠져나왔다. 그는 다짜고짜 지나가는 마차를 얻어타고 보스턴으로 내달렸다.

세상의 중심으로

어른들의 세상인 보스턴에 도착했을 때 그는 겨우 14살이었다. 그러나 그는 고된 노동의 가치를 알고 있었다. 거칠고 척박한 토양, 저주받은 기후 그리고 지독한 가난으로 점철된 삶에 익숙한 대다수의 뉴잉글랜드 사람들처럼 어린 리버모어 역시 과묵함과 굳은 결단력을 가지고 있었다.

그는 어렸지만, 성공과 부와 명성은 육체가 아니라 머리를 써야 보다 빨리 얻어질 수 있다는 사실을 깨달았다. 중요한 것은 말이 아니라 행동이라는 점도 깨달았다. 이 소중한 교훈은 아버지로부터 배운 것이었다.

하지만 그에게 새로운 인생을 개척하라며 적으나마 돈을 쥐어준 것은 그의 어머니였다. 그는 이것을 언젠가 여력이 생긴다면 높은 이자와 함께 반드시 되갚아야 할 빚이라고 생각했다. 부채는 반드시 갚아야 한다는 의무감은 이때부터 그의 뇌리에 깊이 각인되었고, 그는 시간이 아무리 오래 걸릴지라도 평생 그렇게 행동했다.

그는 이제 막 인생을 시작하려는 참이었다. 이제부터 그가 집중해야 할 대상은 과거가 아니라 미래였다. 이렇듯 감정의 구획을 나누어 관리할 수 있는 그의 독특한 능력은 아마도 타고난 것일지도 몰랐다. 그는 어려서부터 감정상태와 상관없이 일관된 행동을 유지할 줄 알았다. 또한 평생에 걸쳐 리버모어는 냉정한 비즈니스의 영역과 사적인 삶을 철저히 분리하기 위해 노력했고, 실제로도 그렇게 하였다.

보스턴에서 마차를 내리자마자 그는 패인웨버(Paine Webber) 증권사 사무실 밖에서 한참동안 내부의 풍경을 구경하였다. 그는 고객들의 면면과 주가표시기가 쉼없이 틱틱거리며 하얀 종이테이프를 쏟아내는 광경을 지켜보았다. 자신과 비슷한 또래의 소년들은 마치 무대 위에서 춤추는 무희들처럼 사무실 벽면에 늘어서 있는 녹색 칠판 위를 부지런히 오르내리고 있었다.

객장에 앉아 주가테이프를 점검하는 고객들이나 증권사 직원이 큰 소리로 현재가를 외치면, 어린 서기들은 즉시 시세판으로 달려가 분필로 주가를 적어넣었다. 벽쪽에 늘어선 의자에 앉아 칠판을 뚫어지게 바라보고 있던 고객들은 가끔씩 벌떡 일어나 마치 경마장에서 베팅을 하는 것처럼 브로커에게 달려가곤 했다. 자신도 모르는 사이에 증권사 안으로 들어간 리버모어는 그 모든 움직임들을 스폰지처럼 빨아들였다. 주가표시기의 기계음, 칠판에 분필이 긁히는 소리, 사람들이 요란하고 열정적으로 떠드는 소리⋯. 이 모든 움직임과 행동들은 어린 리버모어를 전율케 했다.

그는 주가표시기의 반구형 유리뚜껑을 조심스럽게 만져보았다. 따뜻하면서도 차가웠다. 그것은 마법의 수정구슬이었다. 이것이 알려주는 행운의 신호를 제대로 읽어낼 수만 있다면 그 옛날 리디아의 크로이소스 왕처럼 엄청난 거부가 될 수 있었다. 그는 관찰했다. 이토록 무정한 주가테이프의 장단에 따라 사람들은 초(秒) 단위로 돈을 벌고 있었다. 당시만 해도 그는 '잃는 것'에 대해서는 추호도 생각하지 않았다.

그는 그 공간에 배어 있는 냄새까지도 좋았다. 나무향과 분필 냄새, 종이와 잉크의 냄새, 흥분과 열정의 냄새, 끓고 있는 커피의 향기 그리고 고객들이 탁자 위에서 먹고 있는 음식들의 냄새…. 그는 패인웨버의 보스턴 사무실에 들어가는 순간부터 그곳의 열기에 반해버렸다. 그는 이미 뉴잉글랜드의 농장으로부터 너무 멀리 떨어져 나와 있었다.

보스턴에 도착한 지 채 한 시간이 지나지 않아 그는 일자리를 얻었고, 양복을 사기로 결정했다. 그는 외모 때문에 모욕당하는 것을 좋아하지 않았다. 그는 패인웨버 사무실 근처에 하숙집을 얻었다. 그는 매일 새벽같이 일어나 사무실에 가장 먼저 출근했다. 매니저가 사무실 열쇠를 가지고 출근할 때까지 밖에서 기다리는 경우도 많았다. 그는 자신의 업무와 관련된 모든 것들을 사랑했다. 시세판 서기로 일하는 것은 금융대학을 다니는 것이나 마찬가지였다.

그는 바쁜 와중에도 사무실 안에서 일어나고 있는 모든 일들을 유심히 관찰했다. 처음에는 모든 것이 낯설었지만 어쨌든 매일 무언가 새로운 것을 알게 되었다. 주가표시기와 시세판에 숨겨진 암호를 풀고 자신만의 거래방식을 개발할 수만 있다면 큰 부자가 될 수 있다는 사실도 알게 되었다.

리버모어는 '모든 것'에 접근할 수 있었다. 브로커들의 대화, 고객들로부터 흘러나오는 정보 그리고 매일 아침 리포트가 나붙은 게시판 앞에서 벌어지는 토론을 들을 수 있었다. 점심식사 직후나 거래가 잠잠할 때면 고객들은 어린 그를 붙잡아놓고 나름대로 창의적인 거래이론들을 들려주었다. 거기에 있는 모든 사람들이 자칭 '선수'들이었다.

그곳에서 벌어지는 일들은 리버모어의 성공에 든든한 밑거름이 되었다. 오래지 않아 그는 브로커들이나 고객들 또는 신문들이 말해주는 정보들이 아니라 오직 주가테이프가 말해주는 정보만이 중요하다는 진리를 터득했다. 그는 또한 브로커들이나 고객들이 예측한 것과 주가테이프가 내려주는 판결이 좀처럼 일치하지 않는다는 사실도 알게 되었다. 주가테이프는 독자적인 생명력을 가지고 있었고, 그 현장에서 가장 중요한 생명체이기도 했다. 그 어떤 예측이나 분석과 상관없이 주가테이프에 담겨 있는 시세는 '최종판결'을 의미했다.

숫자에 관한 한 사진기와 같은 기억력을 가지고 있던 리버모어는 시세판에 주가를 적어넣는 일처럼 현실적이고 물리적인 업무를 좋아했다. 숫자에 대한 그의 기억력은 완벽했다. 리버모어는 주가표시기가 쏟아내는 호가(呼價)타이밍을 단 한 번도 놓치지 않았다. 속사포처럼 주가가 쏟아져도 그는 단 한 번도 뒤처지지 않고 곧바로 칠판에 적어넣었다. 그리고 그 모든 데이터들은 장작더미가 쌓이듯 그의 머릿속에 차곡차곡 쌓여갔다.

숫자와 추세의 비밀

마침내 그는 숫자 안에 살아 있는 반복적인 패턴을 구분해내기 시작했다. 저녁이면 그는 혼자 사무실에 남아 기억에 남길 만한 몇 가지 특이점들을 기록하곤 했다. 그렇게 그는 숫자로 된 일기를 쓰기 시작했고, 그 안에서 특별하게 반복되는 수리적 패턴을 발견했다. 그는 숫자들이 일관된 파동으로 움직이며 종종 완만하고 반복적인 추세를 보인다는 사실에 주목했다. 한 종목의 가격이 일단 위나 아래를 향하여 움직이기 시작하면 특별한 압력에 의해 반전되기 전까지는 보통 그 추세가 유지되었다. 또한 이러한 흐름은 때때로 수리적 패턴으로 나타났다.

"움직이고 있는 물체는 어떤 힘이나 방해물이 그 움직임을 멈추거나 변동시키기 전까지 그 움직임을 지속하려는 경향이 있다. 주식에도 관성의 법칙이 적용된다."

오랫동안 주가를 추적하는 일지를 기록하는 동안 그는 속속 새로운 현상을 발견해냈다. 한 패턴 안에 또다른 작은 패턴이 있는가 하면, 때로는 한 패턴 안에서 더 큰 패턴이 출현하기도 했다.

그는 비밀리에 일기를 적었고, 누구와도 자신의 발견에 관해 알려주거나 토론하지 않았다. 그는 태생적으로 비밀스러운 사람이었다. 사실 시장의 움직임을 관찰하고 시세판에 숫자를 기입하는 일만으로도 너무 바쁜 탓에 동료들과 한가하게 이야기를 나눌 시간도 없었다.

어린 리버모어는 가격의 '변화'에만 관심을 가졌을 뿐 그 변화의 '이유'에 대해서는 관심을 가지지 않았다. 그는 하루에 몇백 번, 일주일에 몇천 번이나 누군가가 소리쳐 불러주는 주가를 듣고, 기존의 가격을 지우고 새로운 숫자를 적어넣었다. 그에게는 주가의 흐름에 논리를 부여하면서 낭비할 시간이 없었다.

"가격이 변하는 것에는 백만 가지의 이유가 있을 수 있다. 그리고 그 '이유'라는 것들은 가격이라는 명백한 '사건'이 지나간 후에야 밝혀진다. 그 이유들이 알려지고 이해될 때쯤이면 변화는 이미 역사적인 사건이 되어버린다. 돈을 벌기에는 이미 늦은 타이밍인 것이다."

객장에 나오는 대부분의 고객들은 돈을 잃고 있었다. 리버모어의 눈에 이들은 그저 기분내키는 대로 행동하는 것처럼 보였다. 그가 보기에 고객들은 아무런 계획도 없었고 일관성도 없었으며 이성적으로 시장에 접근하지도 않았다. 경마장에서 '감'으로 베팅하듯이 그들은 단지 도박을 하고 있을 뿐이었다. 하루는 남이 사는 주식을 따라 사고, 하루는 이미 충분히 오른 주식이나 빤한 주도주를 샀으며, 또 하루는 객장에 붙어 있는 리포트가 권하는 종목을 샀다. 때로는 정보꾼들이 흘리는 루머에 솔깃하여 몰빵을 하기도 했다.

어쨌든 이러한 일상들을 리버모어는 즐기고 있었다. 그는 '시장'에서 보내는 매순간을 사랑했으며, 그곳에서 월급까지 받고 있음에 감사해했다. 바쁜 일과 중에도 그는 6개월 동안 매일같이 공책에 일련의 베팅을 하며 그 결과를 추적했다. 하지만 그는 여전히 방정식의 중요한 변수를 찾아내지 못하고 있었다. 그는 실제로 주식을 사 보지 않는 한 자신만의 투자기법을 결코 완성할 수 없으리라는 사실을 깨달았다.

내기를 한 번도 해보지 않은 도박꾼의 시뮬레이션 승률이 아무리 높아봐야 그것은 단지 말과 상상의 장난에 지나지 않는다. 실제로 돈을 걸면 모든 것이 달라진다. 돈을 거는 순간부터 비로소 승부사는 뜨거운 '감정의 정글'로 들어서게 되는 것이다. 그때부터는 자신의 감정을 조절할 수 있는 지성을 겸비하고 있는 자만이 진정한 승자가 될 수 있다. 어린 리버모어는 바로 그 점을 알고 있었다. 다만 자신이 그 '감정'을 제대로 다룰 수 있는지를 아직 알 수 없었을 뿐이다. 패인웨버 사무실에서 고객들의 면면을 지켜보는 동안 그는 감정이야말로 돈을 벌게도 해주고 사람을 파멸시킬 수도 있다는 사실을 알게 되었다. 공포와 탐욕이 사람을 통제하거나, 아니면 사람이 그 감정들을 통제하거나 둘 중 하나였던 것이다.

위대한 전설은 시작되고

주식방은 겉보기에 증권사 사무실과 흡사했다. 고객을 위한 객장이 있었고, 주가를 기록하는 시세판과 그날의 거래를 실시간으로 중계하는 번듯한 주가표시기도 갖추고 있었다. 그러나 주식방은 사설 경마장에 더 가까웠다. 주식방에서는 투기꾼들이 10%의 증거금만으로 시장에 참여할 수 있었다. 바꿔 말하면, 투기꾼들은 그들이 사려는 주식 가격의 10%만 있으면 곧바로 거래에 뛰어들 수 있었다.

주식방의 규칙은 간단했다. 10%의 현금을 걸고 주식을 매수함으로써 '베팅'하는 것이다. 매수전표는 즉시 인쇄되어 매수자에게 전달된다. 이 주문표에는 매수시간과 매수가격, 그리고 매수한 주식수량이 적혀 있다. 매수자는 주가를 계속 지켜볼 것이고, 가격이 10% 하락하면 그 즉시 주식방의 직원이 재빨리 돈을 가로챈다. 반대로 주가가 오르면 투기꾼은 직원에게 가서 주문표에 적혀 있는 최종주가를 확인받는다. 그러고 나서 경리가 있는 곳에서 돈을 받는다. 이 것은 '호구'들의 게임이나 다름없었다. 이 게임에서 주식방의 승률 은 95%이상이었다.

주식방 시스템에서 가장 중요한 부분은, 주식의 매수대금이 결코 거래소로 흘러들어가지 않는다는 점이다. 투기꾼들이 지불하는 주 식 매수대금은 단순히 주식방의 회계장부에만 기입될 뿐이었다. 주 식방은 투기꾼들의 베팅자금을 그냥 홀딩하고 있을 뿐이었다. 주식 방의 영업방식은 빠르고 격렬했다. 투기꾼들은 적게는 5주에서 많 게는 주식방이 감당할 수 있는 한도 내까지 수천 달러어치씩 주식 을 살 수 있었다.

리버모어가 15살이 되던 1892년, 함께 서기로 일하는 친구 빌리 가 그에게 접근했다.

"제시, 돈 좀 있어?"

"왜?"

"US스틸에 대한 정보가 있어. 함께 투자할 사람이 필요해서."

"어떻게 살 건데?"

"주식방. 후딱 달려가서 점심시간 중에 사려고."

"얼마나 필요해?"

"5달러. US스틸 다섯 주를 사야 하는데 시세가 10달러거든."

"잠깐만."

리버모어는 주머니에서 공책을 꺼냈다.

"돈을 공책에 숨겼냐?"

"오늘 별점 좀 찾아보려고."

리버모어는 공책을 보며 US스틸의 행적을 확인하였다. 숫자들의 흐름은 전형적으로 상승 직전에 있었다. 그는 좋은 기회를 잡았다고 판단했다.

"좋았어."

이틀 후, 그는 전리품을 주머니에 넣으며 웃고 있었다. 3달러 이상의 순익이었다.

마침내 리버모어는 승부의 세계에 들어선 것이다. 그는 혼자 주식방을 드나들기 시작했고, 그가 추적하고 있는 주식들의 정확한 패턴을 파악하기 위해 항상 공책을 참조했다. 그는 독자적인 매매시스템을 개발하고 그것을 철저히 고수했다. 그는 양극단을 오갔다. 공책에 적혀 있는 숫자들이 매수하라고 하면 매수포지션을 취했고, 숫자들이 아래를 가리키면 주저없이 매도포지션으로 갈아탔다. 그에게는 두 행동 사이에 아무런 차이점이 없었다.

어느새 그는 직장보다 주식방에서 더 많은 돈을 벌고 있었다. 당연히 직장을 그만두고 보스턴의 주식방들을 돌며 전업투기꾼으로 나섰다. 그리고 16살이 되기 전에 1,000달러가 훨씬 넘는 현금을 확보할 수 있었다. 그는 고향집을 찾아갔다. 집나간 아들과 상봉한 그의 어머니는 기뻐서 어쩔 줄 몰라했고, 아버지는 놀라움과 의혹으로 연신 고개를 내저었다. 어떻게 16살짜리 아이가 1,000달러가 넘는 거금을 벌 수 있단 말인가!

리버모어는 500달러를 집에 내놓았다. 어머니에게 진 빚을 갚은 것이다. 그리고 그는 750달러가 조금 넘는 돈을 가지고 다시 보스턴으로 돌아와 천직에 뛰어들었다. 그는 혼자 활동했고, 아무에게도 정보를 흘리거나 상의하지 않았다. 파트너를 구하려 들지도 않았고, 결코 돈을 빌리지도 않았다. 그는 오히려 남들의 이목을 피하기 위해 주식방을 바꿔가며 드나들었다. 이 '고독한 늑대' 전략은 주효했으며 그의 성격에도 잘 들어맞았다. 그는 평생동안 이러한 방식을 고수했다.

그는 아무에게도 말하지 않은 채 혼자 비밀리에 매수했다가 아무도 모르게 팔아치웠다. 근육도 아니고 인맥도 아니고 언변도 아닌 오로지 두뇌만을 이용해서 극소수만 알아낼 수 있는 비밀, 즉 '주식시장에서 돈 버는 방법'을 찾아내 마침내 승리했을 때 그는 전율을 느꼈다. 두둑한 지갑이 근사한 건 사실이지만, 진정한 전율은 돈이 아니라 승리감이었다. 돈은 자신의 판단이 옳은 것으로 판명될 때마다 따라오는 '부상'이었던 셈이다.

보스턴의 '몰빵소년'

젊은 시절의 리버모어는 앳된 용모와 과감한 베팅이라는 비대칭적 이미지 덕분에 '몰빵소년(Boy Plunger)'이라는 별명을 얻게 되었다. 승률이 지나치게 높은 도박꾼이 카지노에서 출입을 금지당하는 것처럼, 계속되는 성공으로 리버모어는 결국 보스턴의 모든 주식방으로부터 출입을 금지당하게 된다. 모든 주식방 업주들은 몰빵소년이 누구이고, 어떻게 생긴 녀석이라는 것을 알게 되었다. 아무리 이름을 바꾸고 변장을 해도 업주들이 번번이 그를 알아보고 입구에서 가로막았다. 그래서 그는 새로운 방법을 개발했다. 처음에는 잃다가 막판에 크게 한탕하는 것이다. 그러나 업주들이 바보가 아닌 이상 이러한 방법도 오래가지는 못했다.

리버모어는 주식방의 생리를 꽉 틀어쥐고 있었다. 처음에 업주들은 그깟 어린 녀석이 따면 얼마나 딸까 싶은 생각에 그냥 방치했었다. 하지만 어느날 장부를 점검하는 순간 그들은 리버모어가 얼마나 무서운 꼬마였는지를 뒤늦게 깨닫곤 했다. 대부분의 주식방들은 '검은 시장의 황제' 아놀드 로드스타인으로 연결되어 있었고, 로드스타인은 항상 자신의 사업을 면밀히 주시하고 있었다. 각 영업장의 매니저들은 잘리지 않기 위해서라도 매상을 유지해야만 했다. 리버모어같은 녀석을 그냥 두고볼 수는 없었던 것이다.

보스턴의 주식방 업계로부터 추방당한 리버모어는 이 기회에 좀 더 큰물에서 놀아볼 결심을 하기에 이른다. 마침내 그는 자신의 이론, 자신의 시스템, 자신의 원칙을 고스란히 간직한 채 뉴욕으로 진출한다. 하지만 불행하게도, 뉴욕의 증권거래소와 경찰은 관할지역의 주식방들을 치밀하게 단속하고 있었다. 이제 리버모어는 새로운 사냥터를 찾아야만 했다. 그는 동일한 원칙과 동일한 시스템이 공식 증권시장에서도 작동할 것이라고 생각했다. 밑바닥 현장에서 검증된 자신의 이론이 전적으로 옳다고 믿은 것이다. 결과적으로 그것은 틀린 생각이었다.

그는 2,500달러를 가지고 맨해튼에 도착했다. 보스턴 시절에는 자본이 1만 달러를 넘기도 했지만, 하필 뉴욕으로 떠나기 직전에 손해를 좀 보았다. 이 실패가 리버모어의 자부심에 상처를 입혔고, 그는 자신이 무엇을 잘못했는지 면밀하게 분석해보았다. 그는 결코 시장을 비난하는 법이 없었다. 투기꾼이 시장에 대고 화를 내는 것은 도박꾼이 카드에 대고 화를 내는 것처럼 어리석은 태도였다. 언제나 그는 실수로부터 배우고자 했고, 그로써 결과적으로 그 실수를 만회할 수 있었다.

"시세는 언제나 옳다. 틀린 쪽은 사람인 것이다."

실패분석 이후 그의 첫 번째 결론은, 모든 조건들이 자신의 손아귀 안으로 들어올 때까지 그리고 모든 바보들이 한 줄로 늘어설 때까지 인내심을 가지고 기다리면 반드시 이겼다는 것이다. 이러한 결론은 다음 깨달음으로 이어졌다. 어느 누구도 1년365일 베팅할 수는 없고, 그래서도 안 된다는 것이다. 시장 밖으로 빠져나와 현금을 틀어쥔 채 상황을 관망해야 할 때가 있는 법이다.

세월이 흐른 뒤에 그의 친구 버나드 바루치(Bernard Baruch)는 리버모어가 젊은날 터득한 이러한 결론들이 옳다는 사실을 재차 확인시켜주었다. 바루치는 가끔씩 "제이엘(JL), 나는 오리사냥이나 갈라네!" 하고 능치곤 했다. 그러고는 정말로 모든 포지션을 정리하고 남부 캐롤라이나의 농장으로 날아갔다. 그곳의 모래사장과 해수 습지는 한때 미국 최고의 오리사냥터로 이름을 날렸다. 그곳엔 전화가 없었다.

첫 번째 실패

이제 20살이 된 리버모어는 주머니에 얼마간의 현금을 가지고 뉴욕에 왔지만 자신의 주무대인 주식방에는 접근조차 할 수 없었다. 별수없이 그는 뉴욕증권거래소의 정규 주식거래에서 승부를 시작했다. 먼저 그는 허튼(E.F.Hutton)의 증권사에 거래를 텄다. 다행히 허튼에 있던 사람들은 리버모어를 좋아했다. 이곳에서도 그의 '주식방 무용담'은 명성이 자자했다. 점잖은 월스트리트로 무대가 바뀐 만큼 그의 별명은 이제 '몰빵소년'에서 '꼬마승부사(Boy Trader)'로 바뀌었다. 그 정도 자본금으로는 큰손들의 무대에서 감히 '몰빵소년'이 될 수도 없었다.

처음에는 그도 썩 잘해냈고, 브로커들에게도 제법 짭짤한 수수료도 안겨주었다. 그러나 결국 모든 돈을 잃고 말았다. 쫄딱 망하기까지 걸린 시간은 6개월이었다. 게다가 그의 회계장부는 바람직하지 않은 방향, 즉 '부채' 쪽으로 기울어져 있었다. 증권사에 빚을 지게 된 것이다.

실패의 연속으로 자기환멸에 빠진 리버모어는 장이 끝난 어느날 허튼을 찾아갔다.

"대출이 필요해요, 에드 씨."

"얼마나?"

"천 달러입니다."

"자네 계좌에 신용으로 천 달러를 찍어주면 되겠나?"

"아뇨. 제가 원하는 건 신용거래가 아니라 대출입니다."

"무슨 소린가?"

"지금 당장에는 월스트리트를 당해낼 수가 없을 것 같아요. 다시 주식방으로 돌아가려고 합니다. 거기서 돈을 좀 모아서 돌아오겠습니다."

"이해가 안 가는데? 주식방은 무너뜨릴 수가 있는데 월스트리트는 무너뜨릴 수가 없다니… 어떻게 그럴 수 있지?"

"우선, 주식방에서 사고팔 때 저는 주가테이프만 봅니다. 그런데 여기서는 내 주문이 거래소에 도착할 때쯤이면 이미 호가가 너무 늦어버려요. 가령 105달러일 때 시장가매수 주문을 내도 체결가는 107이나 108이 되어버리는 겁니다. 따라서 이익구간이 너무 얇아지고 대부분의 경우 돈을 잃게 되더군요. 주식방에서는 주가테이프의 가격을 보고 시장가매수 주문을 내면 그 즉시 105달러로 표기가 돼요. 공매도를 할 때도 마찬가지이구요. 거래량이 많은 주도주들을 다룰 때가 특히 그래요. 가령 주식방에서 110달러에 시장가매도 주문을 내면 바로 110달러로 표기가 되지만 여기선 108달러로 체결이 되니까요. 결과적으로 저는 양쪽에서 다 당하는 거예요."

"그렇지만 우린 주식방보다 더 좋은 조건의 신용을 제공하고 있잖나."

여전히 이해가 안 간다는 듯 허튼이 말했다.

"저를 진짜로 망치는 게 바로 그거예요. 보세요. 더 많은 신용을 쓰게 되면, 10%의 주가변동만으로 저를 날려버리는 주식방과 다르게 손해나는 주식을 가지고도 더 오래 버틸 수 있어요. 문제는 제가 올라갈 것으로 예상하고 산 종목이 떨어질 때예요. 그런 종목을 잡고 오랫동안 질질 끄는 것은 저 같은 스타일의 투자자에게는 매우 나쁜 습관이에요. 저는 10% 정도의 손실은 감당할 수 있지만 신용으로 확대된 25%의 손실은 감당할 수 없어요. 다시 회복하기 위해서는 훨씬 더 많은 수익을 올려야 하거든요."

"그래서 자네 말인즉슨 주식방에서는 잃을 수 있는 최대손실이 10%로 제한된단 말이지? 왜냐하면 업주들이 −10%를 기준으로 곧바로 반대매매를 해버리기 때문에?"

"예, 결국 반대매매는 현명한 선택으로 드러나죠. 어느 종목에서든 제가 허용하고 싶은 최대손실은 10%입니다. 이제 돈을 빌려주시겠어요?"

"한 가지만 더."

허튼이 미소지었다. 그는 이 젊은 친구가 마음에 들었다. 이 '꼬마승부사'의 투지와 논리가 무척이나 흥미롭게 느껴졌던 것이다.

"그런데 어째서 다음 번에 돌아오면 이길 수 있다고 생각하지?"

"왜냐하면, 그때쯤이면 저도 새로운 매매기법을 가지고 있을 것이기 때문입니다. 저는 이번 외도를 교육이라고 여기고 있습니다."

"처음에 얼마를 가지고 여기에 왔지, 제시?"

"2,500달러예요."

"거기에다 빌린 돈 천 달러를 가지고 다시 돌아간다 이거지…."

주머니에서 현금 1,000달러를 꺼내 리버모어에게 건네주며 허튼이 말했다.

"3,500달러면 아마 하버드에도 갈 수 있었을 걸?"

"하버드에 가는 것보다 여기에서 배운 걸로 앞으로 훨씬 더 많은 돈을 벌 수 있을 겁니다."

돈을 건네받은 리버모어가 미소지으며 말했다.

"어쨌든 나는 자네를 믿네."

"돈은 반드시 갚을게요."

"물론 그렇겠지. 단, 자네가 돌아오면 여기서 다시 거래해야 한다는 걸 명심해. 우린 자네랑 거래하는 게 즐겁다네."

"알겠습니다. 그럴게요."

에드 허튼은 그가 떠나는 모습을 지켜보았다. 그를 다시 보게 되리라는 믿음에는 추호의 의심도 없었다. 하지만 주식방에서 거래하겠다는 리버모어의 선택에는 여전히 많은 제약이 따랐다. 일단 동부에 있는 주식방 업주들은 모두 그를 꺼려했기 때문에 별수없이 중부로 눈을 돌려야 했다.

리버모어는 두 개의 대형 주식방이 성업중이라는 세인트루이스로 향했다. 기차를 타고 세인트루이스에 도착한 리버모어는 호텔을 잡고 샤워를 끝내자마자 첫 번째 주식방으로 향했다.

그곳은 200명 이상을 수용할 수 있는 객장을 보유한 대형 주식방이었다. 그는 가명을 사용한 채 될 수 있는 한 보수적으로 베팅하며 몸을 사렸다. 그는 3일 동안 천천히 몸을 풀었다. 1,000달러였던 밑천은 어느새 3,800달러로 불어나 있었다. 3일째 되던 날 아침 그는 주식방의 사장실로 불려갔다.

"안녕하시오, 제시 리버모어 씨."

그의 정체가 탄로난 것이다. 첫 번째 주식방에서 쫓겨난 그는 재빨리 한 블록 떨어진 두 번째 주식방으로 달려갔다. 그리고 곧바로 창구로 가서 거래를 시작했다.

"BRT 1,500주."

그런데 점원이 주문표를 작성하려는 바로 그 순간 매니저가 득달같이 달려왔다.

"당신 돈은 필요없습니다. 리버모어 씨."

"잠깐, 제 말 좀 들어보세요…."

"설마 저희가 아무런 연락도 받지 못했다고 생각하시는 건 아니겠지요? 다시 한 번 정중하게 말씀드릴 테니…… 당장 꺼져버려!"

다음날 그는 뉴욕행 기차를 탔다. 그리고 곧바로 허튼의 사무실을 찾아가 빌린 돈 1,000달러를 꺼내놓고 웃으며 말했다.

"이자도 드릴까요?".

"이자는 자네의 거래수수료로 대체하도록 하지. 그나저나, 별로 오래 걸리지 않았는데? 벌써 쫓겨난 건가?"

"나흘 만에 덜미를 잡더군요."

"크게 해먹었나?"

"그렇게 크지는 않아요. 6개월 전에 처음 여기로 들어오던 때랑 비슷한 수준으로 복귀한 정도랍니다."

"고작 나흘 만에 월스트리트를 무너뜨릴 수 있는 새로운 기법을 터득할 수는 없었을 텐데?"

"월스트리트를 무너뜨릴 필요는 없어요. 저는 제 자신을, 제 감정을 무너뜨려야 해요."

"지금껏 자네가 했던 말 중에 가장 그럴듯하군. 제시, 행운을 비네."

"저는 행운을 믿는 스타일은 아닌데요?"

"누구나 평생을 사는 동안 약간의 행운은 필요로 하지. 자, 이제 다시 계좌를 터볼까?"

월스트리트로 돌아온 리버모어는 다시 몇 개월간 거래에 집중했다. 그런데 막상 계좌를 까보니 본전에 불과했다. 자신감은 여전했지만 그는 아직도 주식방에서처럼 일관된 성공기법을 개발해내지 못하고 있었다.

"사람들의 얼굴,
돈의 액수 그리고 기억 외에 시장에서 변하는 것은 없다.
그래서 시장은 반복된다."

2

처음부터 다시 배우는 시장

시장수익률을 넘어서는 것은 납을 금으로 바꾸는 연금술과 같다

시장을 요리하는 것, 그것이야말로 리버모어의 일생에 걸쳐 결코 끝나지 않는 도전이 될 터였다. 시장은 종이를 황금으로 바꾸고, 누구도 꿈꿀 수 없는 엄청난 부를 창조한다. 시장은 100달러가 1,000달러가 되고, 1,000달러가 100만 달러가 되고, 100만 달러가 1억 달러가 되는 곳이다. 진정한 투기꾼이라면, 어떤 일이 발생하기 전에 사력을 다해 그 일을 예측해야만 한다. 또한 그 예측은 전적으로 옳아야 한다. 그것이야말로 투기꾼의 권리이자 의무다. 적어도 젊은 리버모어는 전적으로 옳은 예측을 할 수 있다는 자신감에 충만해 있었다.

실수에서 배우는 게 가장 빠르다

리버모어는 객관적으로 자신의 지난 실수들을 다시 한 번 분석해보았다. 훗날 그는 이렇게 말했다.

"주식시장에서 제대로된 교육을 받을 수 있는 유일한 방법은 실제로 돈을 투자하고, 매매를 기록하고, 실수를 분석하는 것이다."

실수를 반추한다는 것은 감정적으로 매우 어려운 일이다. 특히 투기꾼의 경우에는 더욱 그렇다. 자신이 저지른 뼈아픈 과거의 거래와 실수들을 다시 한 번 되짚어봐야 하기 때문이다. 투기꾼들에게 한 번 실수란 그냥 단순한 실수가 아니라 곧 금전적 손실이다. 한 번이라도 어설프게 투자했다가 돈을 잃어본 사람이라면 누구나 복기(復碁)의 어려움을 절감하게 된다.

하지만 아무리 고통스럽다 하더라도 재발을 방지하기 위해서는 실패한 투자를 분석하는 것이 필수불가결한 과정이기도 하다. 훗날 리버모어는 이런 식으로 자신의 결론을 요약했다.

"투기꾼에게 있어 거래란 언제나 지적인 전투가 아니라 감정적인 전투다. 손에 쥐고 있던 현금이 주식증서로 바뀌는 바로 그 순간, 즉 베팅하고 나서야 비로소 감정은 생명력을 얻게 된다."

리버모어는 포지션을 가진 투기꾼을 결투장의 명사수와 같다고 생각했다. 명사수라면 적의 장전된 총구 앞에서 어떤 행동을 취할까? 바로 그 순간에 공포는 엄습하고 정신이 혼미해지며 마음이 약해지고 판단력이 흔들리는 것이다. 명사수라도 말이다.

성공적인 투기를 하려면 이론가나 경제학자, 애널리스트가 아니라 '플레이어'가 되어야 한다. 테이블 위에 이미 판돈을 던져놓은 '선수'가 되어야 한다. 이기고 지는 것은 운동장에서 뛰는 선수들이지 결코 코치나 구단주가 아니다. 전장에서 이기고 지는 당사자가 장군이 아니라 보병들인 것과 마찬가지다.

리버모어가 보기에 지구상에서 가장 풍부한 매장량을 자랑하는 금광은 맨해튼 광산, 즉 월스트리트와 브로드웨이가 만나는 지점에 위치한 뉴욕증권거래소였다. 그 금광에서는 아무런 탐사도 필요없고 지도도 필요없고 소유권도 필요없다. 특정 시간이 되면 행운을 좇는 이들은 누구나 금광으로 초대받는다. 하지만 극소수의 광부만이 금괴로 가득찬 자루를 들고 밖으로 나올 수 있다.

조건은 모든 이들에게 동일하다. 따라서 채굴에 실패하는 건 전적으로 자기탓이다. 물론 황금광 시대에 있었던 모든 혼란과 부작용은 주식시장에서도 그대로 재연된다. 잘못된 정보가 난무하고, 이미 금맥이 바닥난 곳도 있으며, 나쁜 날씨와 비양심적인 동업자들, 금괴를 노리는 술집여자들, 심지어 무법자들과 전문도박꾼들까지 진을 치고 있다. 그중에서도 가장 큰 골칫거리는 채굴권을 싼값에 낚아채려 들거나 가짜지도를 팔아먹으려는 사기꾼과 깡패들이다.

리버모어는 월스트리트에 기생하는 정보꾼들(tipsters)이야말로 최악이라고 생각했다. 그들은 거대한 금광의 입구에 자리를 잡고 자신의 물건을 판다. 성공적인 투기로 가는 길에는 수많은 유혹과 함정들이 있다. 돈만 벌 수 있다면 무슨 짓이든 벌이는 그치들은 특히 풋내기들을 대상으로 장사를 한다. 괜히 허튼 곳에서 헤매지 말고 곧바로 주(主)광맥을 파들어가라며 풋내기들을 부추기는 것이다.

그럴 때 가만히 보면 풋내기들은 당연한 질문들을 하지 않는다.

- 이렇게 값진 정보를 왜 하필 나한테 넘기려는 거요?
- 이런 정보를 가지고 있으면서 당신은 어째서 부자가 되지 못한 거요?
- 주식을 사라고 왜 자꾸 부추기는 거요? 뒷구멍으로 나한테 비싼값으로 팔아치우겠다는 심산 아니오?
- 돈벌기가 그렇게 쉽다면 당신은 왜 그깟 수수료만 받아먹고 살고 있는 거요?

성공적인 투기로 가는 길에는 수많은 유혹과 함정들이 있다. 젊은 리버모어는 자신도 그 모든 유혹과 함정에 빠져들 운명이란 사실을 잘 알고 있었다. 다만 그가 두려워하고 있는 것은 함정에 빠지는 것이 아니라 똑같은 함정에 반복적으로 빠지는 것이었다.

다른 모든 이들처럼 리버모어도 시장의 기본 법칙을 알고 있었다.

- 주식시장에서 불변의 진리는, 내가 틀렸을 때 나는 돈을 잃는다는 것이다.
- 만약 내가 옳다면 나는 돈을 번다.
- 따라서 돈을 벌면 나는 옳은 것이고, 돈을 잃으면 나는 틀린 것이다.
  이것이야말로 진정한 투기의 법칙이다.

많은 사람들이 이미 자신의 손을 떠난 행운을 마치 돌이킬 수 있는 것처럼, 또는 그렇게 해야만 실패의 고통을 감내할 수 있다는 듯이 끊임없이 시장에 관한 진지한 수다를 떨고 있다. 이러한 태도를 경계하여 리버모어는 거래에 관한 한 늘 침묵을 지켜왔던 것이다.

"이기면 옳다. 만약 잃었다면 틀린 것이다. 왜 불평하는가. 무슨 설명이 더 필요한가."

거래와 관련하여 그가 지난일을 돌이켜보는 것은 어째서 돈을 벌었으며 왜 돈을 잃었는지를 알아내기 위함이었다.

성공하고도 실패한 게임

20세기가 개막되기 잇해 전인 1899년, 22살이 된 리버모어는 든든한 7년간의 투자경험과 1만 달러의 밑천을 갖고 있었다. 그 즈음 리버모어는 주식시장이 주식방과 다르다는 것을 알게 됐지만, 주식방에서 승승장구했던 그가 주식시장에서도 승리하지 못할 이유는 없는 듯했다.

약속대로 그는 허튼 사무소에 계좌를 다시 열었다. 이번엔 좀 더 신중해지긴 했지만, 그는 여전히 주가테이프가 지시하는 대로 시간 단위, 일 단위로 매매하는 단타원칙을 고수했다. 어쨌든 그는 조금씩 나아지고 있었다. 생활은 그럭저럭 할 만했으며 친구들도 여럿 생겼다.

1900년 10월, 리버모어는 미 중서부지역의 주식방을 드나들던 시절에 만났던 인디애나폴리스 출신의 네티 조단(Nettie Jordan)과 결혼했다. 그는 네티와 함께 맨해튼 5번가에 있는 윈저 호텔에서 부유층의 삶을 시작하였다. 여름엔 뉴저지의 롱비치 해안에 있는 작은 별장을 빌려 휴가를 즐겼다. 이 무렵 리버모어는 네티와 함께 난생 처음으로 유럽여행을 떠나 그녀에게 1만2,000달러 상당의 보석을 선물하기도 했다.

1901년에는 주식시장이 달아오르면서 모두들 제정신이 아니었다. 강세장이 계속되고 있었다. 미국경제는 번창일로를 걷고 있었고 주식시장은 끓어올랐다. 하루 25만 주였던 거래량 기록이 하루 300만 주의 거래량으로 경신되었다. 철강, 금융 그리고 철도업계의 백만장자들이 주식붐에 동참하기 위해 속속 뉴욕으로 모여들었다. 거물 도박꾼들이 입을 크게 벌린 채 돈을 쏟아부을 준비를 하고 있었다. 20세기 벽두는 살아 있다는 것 자체가 흥분되는 시기였다.

월스트리트에 하나둘씩 전설들이 생겨나기 시작했고, 그중에는 월스트리트 역사에 길이 남을 위대한 인물들도 있었다. '백만 달러 베팅' 존 게이트, 존 드레이크, 로열 스미스 페이지 그리고 월스트리트 최초의 여성투기꾼이자 악명 높은 헤티 그린까지.

1901년의 미국 증시는 광란의 도가니였다. 월스트리트의 투기꾼으로 나선 리버모어로서는 처음 접하는 초강세장이었다. 이제 그의 뇌리엔 위대한 원칙 하나가 자리잡게 된다.

"시장에서 변하는 것은 결코 없다. 선수들과 돈의 액수 그리고 기억만이 변할 뿐이다. 새로운 선수들은 경험이 없기 때문에 과거의 주가사이클을 전혀 기억하지 못한다."

리버모어는 1901년에 펼쳐진 장세에서 당연히 강세론자의 위치에 있었고, 그로서는 예외적으로 노던퍼시픽에 밑천 1만 달러를 '장기투자' 했다. 그리고 그는 노던퍼시픽으로 5만 달러를 벌어들였다. 하지만 리버모어에게 이 돈은 '좀 더 큰 밑천'에 불과했다. 그는 시장의 큰 휴식, 급격한 조정 또는 하루짜리 초단기 급락에 이은 랠리를 기다렸다. 5월 초, 드디어 리버모어가 움직였다.

"100달러에 US스틸 1,000주 공매도!"

어느날 개장을 몇 초 앞두고 리버모어가 직원에게 소리쳤다.

"80달러에 산타페 주식 1,000주 공매도 추가!"

주문을 받은 직원은 거래소 담당자에게 전화를 걸기 위해 사라졌다. 장이 열리자 리버모어는 자신이 공매도한 주식들의 가격이 추락하는 모습을 지켜보았다. 가격은 무섭게 폭락하고 있었다. 그의 예측이 들어맞고 있다는 뜻이었다. 그런데 뭔가가 이상했다. 리버모어는 거래량을 확인해보고 갑자기 공포에 사로잡히고 말았다. 실로 엄청난 거래량이었다. 장이 열리자마자 소위 '선수'들이 통제할 수 있는 수준을 벗어난 것이다. 매수에서 매도로의 손바뀜이 점점 더 빨라지고 있었다. 과부하로 인해 주문체결은 15분, 30분, 1시간, 2시간으로 점점 더 늦어졌다. 최종 체결가격은 투자자들이 애초에 원했던 가격과는 멀찌감치 떨어져 있었다.

리버모어는 개장 직전 자신이 내놓았던 주문의 체결상황을 받아보았다. 그가 거래하는 브로커들은 월스트리트 어디에 내놓아도 부족하지 않을 선수들이었다. 하지만 그의 손에 들어온 체결상황은 어이가 없을 지경이었다. 100달러에 공매도한 주식은 85달러에 체결되었고, 80달러에 공매도한 주문은 65달러에 체결되었다. 그러한 가격은 원래 그가 공매도를 청산할 때 되사리라 작정한 가격이었다. 리버모어는 즉시 포지션을 청산하기로 결정하고 직원에게 소리쳤다.

"US스틸과 산타페 각 1,000주씩 시장가매수!"

직원은 다시 전화를 하기 위해 달려갔다. 하지만 리버모어는 자신의 주식들이 급반등하는 것을 보고 다시 한 번 모골이 송연해졌다. 이번에는 급반등이 최고조로 진행되고 있었다. 그의 공매도와 청산은 엄청난 손실로 끝나고 말 것이 분명했다. 그는 투기꾼이 해서는 안 될 최악의 실수를 한 셈이었다. '바닥'에서 팔고 '꼭지'에서 산 것이다.

잠시 후 직원이 주문표를 가지고 돌아왔다. 리버모어는 그것을 천천히 펼쳐보았다. 그는 US스틸을 85달러에 팔고 110달러에 되삼으로써 총 2만5,000달러의 손해를 보았다. 산타페 거래에서도 마찬가지였다. 분명 그의 판단은 옳았고, 시장도 그의 예상대로 움직였다. 그런데도 그는 부도가 나고 말았다. 그는 어디까지나 주가표시기에 나온 대로 매매했다. 하지만 거래소의 실제 거래는 주가테이프가 따라잡기에는 너무나 빨리 오고갔다. 이렇게 빠르고 거래가 빈번한 시장에서 주가표시기는 두 시간 이상 지연되기 마련이었다.

이날 리버모어는 엄청난 교훈을 얻었다. 그는 단기 실시간거래를 하고 있었고, 그것은 바로 주식방에서 하던 방식이었다. 그러나 실제 주식시장의 주가테이프는 실시간으로 시세를 보여주지 못했다. 시간이 지남에 따라 지연되는 시간도 점점 늘어났다. 주가테이프는 현재가가 아니라 유효기간이 한참이나 지난 가격을 뱉어내고 있었다. 결론은 분명했다. 월스트리트에서는 단타가 쉽게 통하지 않는다는 사실이었다.

그의 기본적인 판단에는 아무런 결점이 없었다. 시장은 정확하게 그가 예측한 대로 진행되었다. 유일한 오류는 주문의 프로세스였다. 그의 주문은 원하는 만큼 빨리 체결되지 못했다. 사는 게 늦었고, 파는 게 늦었던 것이다.

그의 두 번째 파산은 순식간에 진행되었다. 그 사건으로 인해 그는 주식투자에 환멸을 느끼게 되었고, 의기소침해졌다. 바로 어제까지만 해도 그의 수중에는 5만 달러가 있었고, 그는 자신만만했다. 그러나 이제 그는 바닥부터 흔들리고 있었다. 유일한 위안은 뼈저린 방식으로나마 실패의 원인을 알아냈다는 것뿐이었다.

다시 주식방으로

재기할 밑천을 마련하려면 다시 보스턴의 주식방으로 갈 수밖에 없었다. 그는 자신의 라이프스타일에 대해서도 다시 생각해야만 했다. 그는 이미 상류사회의 삶에 익숙해져 있었다. 돈이 많이 드는 생활이었고, 이제 그에게는 돈이 없었다. 물론 이러한 문제는 그의 결혼생활에도 영향을 미쳤다. 신혼 때부터 1901년 5월의 부도 직전까지 그의 결혼생활은 그런대로 괜찮았다.

그는 아내 네티에게 유럽에서 사주었던 1만2,000달러어치의 보석을 전당포에 맡기자고 했다. 그녀는 거절했다. 이 사건은 그와 네티 사이에 극복할 수 없는 불화를 초래했다. 결국 그들은 별거에 들어갔다. 리버모어는 이제 빈털터리에다 젊은 아내와 별거하는 처지가 되었다. 그는 정신적으로 큰 심호흡이 필요하다고 느꼈다.

그는 모든 여력을 단 하나의 목표에 집중시켰다. 현금을 마련하라! 그는 주식방으로 돌아갔다. 하지만 불행하게도 보스턴 사람들은 아직도 리버모어를 기억하고 있었다. 대리인을 시켜 매매를 시도하려 했지만 그마저도 즉시 발각되었다. 리버모어는 거래할 곳이 없었다.

한편 새로운 형태의 '변종 주식방'들이 생겨나고 있었다. 이 변종 주식방들은 잘나가는 증권사 객장처럼 꾸며놓고, 거래소 멤버십을 가진 진짜 증권사들과의 제휴관계를 광고하기도 했다. 아주 드물긴

하지만, 변종 주식방들은 실제로 고객의 주문을 거래소로 넘기기도 했다. 하지만 역시 대부분의 주문은 거래소까지 도달하지 않고 대부분 주식방 내부에서 처리되었다. 고객과 반대포지션을 취하다가, 고객이 거래청산을 원하거나 불리한 가격변동으로 증거금이 털려 부도가 나면 장부에만 기입해 거래를 완료해버리는 식이었다.

다행히 리버모어는 아직 이쪽 업계에는 알려지지 않아 그중 다섯 업소와 재빨리 거래를 틀 수 있었다. 업주들은, 주가테이프가 표시하는 시세의 오차 1포인트 이내에서 수익을 허용하겠다고 리버모어에게 약속했다. 주가표시기의 시세와 거의 실시간에 가까운 거래를 허락한 것이다. 그렇게 해서 리버모어는 자신의 주특기라고 할 수 있는 '주가테이프 거래'로 돌아갈 수 있었다. 그는 일단 잦은 단타로 소소한 이득을 취했다. 하지만 그는 월스트리트로 다시 돌아갈 수 있을 만큼의 밑천을 모아야 했다.

그는 변종 주식방들과 직접 연결된 다섯 개의 유선설비를 갖춘 조그만 사무실을 하나 열었다. 발각될 것에 대비해 가명을 사용했고, 뉴욕에 있는 합법적인 브로커와 직접 연결된 유선통신도 설치했다. 한때 자신에게 많은 돈을 벌게 해준 주가표시기도 하나 들여놓았다. 지속적인 성과가 쌓여 자동차도 한 대 마련할 수 있었다. 그는 거래금액을 늘리기 시작했지만 주식방으로부터 거래를 허락받기는 갈수록 어려워졌다. 돈은 거의 일방향으로 흐르고 있었다. 업주들의 금고에서 리버모어의 금고로.

주식방들은 리버모어의 포지션이 점점 커지자 그와 진검승부를 벌이기 시작했다. 리버모어가 어마어마한 신용으로 어떤 종목에 대해 대량 매수포지션을 취하면, 주식방은 매도포지션을 취하는 방식으로 포지션을 청산할 때마다 주당 몇 달러씩 빼앗아가곤 했다. 게다가 주식방의 계략이 성공하여 그들이 승부에서 이기게 되면 리버모어는 크게 돈을 잃었다. 하지만 승리는 대개 리버모어의 몫이었다.

밑천이 충분히 커지자 그는 진짜 승부를 시작했다. 어느날 리버모어는 한때 무척 활발하게 거래되다가 그 즈음에는 시장의 관심권 밖으로 밀려난 지루한 종목 하나를 발견했다. 리버모어는 다섯 개 주식방에 각각 전신을 보냈다.

"직전 매매가 81달러에 에크미 1백 주 매수."

다섯 개 주식방이 모두 81달러에 주문이 체결되었음을 통보해오자 그는 뉴욕에 있는 자신의 진짜 브로커 허튼에게 전신을 보냈다. 그는 이제 자신의 매수체결가가 81달러라는 사실을 알고 있었다.

"85달러에 에크미 1백 주 매수."

그는 자신이 뉴욕으로 새롭게 발주한 주문이 주가테이프로 중계되기를 기다렸다가 즉시 주식방에 가지고 있던 자신의 포지션을 85달러에 청산했다. 즉시 주당 4달러, 총 2,000달러의 수익이 떨어졌다. 그리고 나서 뉴욕에 내놓았던 85달러 1백 주 주문은 곧바로 취소했다.

리버모어는 이런 식의 거래로 5개 주식방을 몇 번씩 후려쳤다. 그러던 중 예상치 못한 행운이 찾아왔다. 한 종목이 그의 매수로 인해 실제로 10달러나 치솟은 것이다. 6백 주를 매수한 리버모어의 수익은 6,000달러에 달했다.

사실 리버모어가 쓴 방식은, 시세가 불리하게 돌아갈 때마다 수백 명 개미들의 푼돈을 쓸어담기 위해 주식방들이 종종 써먹는 수법이었다.

도박과 투기의 차이점

그는 이미 두 차례나 파산했지만, 파산만이 전업투기꾼으로서 무언가를 배울 수 있는 유일한 방법이라는 것도 잘 알고 있었다.

"무조건 잃어봐야 한다. 그래야 무엇을 하면 안 되는지를 배울 수 있다. 만약 배우는 게 더딘 사람이라면 그런 짓을 한 번 더 저질러봐야 한다."

그는 이제 뉴욕으로, 즉 월스트리트로 돌아갈 준비가 되었다고 결론을 내렸다. 지난 10여 년 동안 리버모어는 미국 최고의 이과대학, 공과대학 졸업생들이 개발한 모든 이론과 테크닉으로 무장한 분석가, 통계학자, 수학자들을 관찰할 수 있었다. 그들의 이론에는 모두 각각의 장점이 있었다. 하지만 리버모어의 매매기법은 시장에 직접 참여하여 끊임없이 분석하는 실전경험을 통해 개발된 것이었다.

이제 그는 몇 가지 기본지침들을 확보해놓고 있었다.

- 항상 일반적인 시황을 먼저 평가하고 난 다음에 추세선을 결정하라. 상승장인가, 하락장인가? 또는 추후 향방을 결정짓기 전에 옆으로 흐르는 횡보장인가?
- 시장의 전반적인 흐름이 내 편이 아니라면 극히 불리한 상황에서 거래하게 되는 셈이다. 흐름을 따르고 추세에 순응하라. 불어오는 바람을 거스르지 마라.

리버모어는 지금껏 '강세장' 또는 '약세장' 이라는 용어를 결코 사용한 적이 없었다. 이러한 용어들이 일정한 '심리적 경직상태' 내지 선입견을 만드는 경향이 있었기 때문이다.

그는 이제 주식방과는 전혀 다른 싸움터에서 게임을 하게 될 참이었다. 이미 두 번이나 나가떨어진 적이 있는 무시무시한 적진이었다. 그곳에서의 싸움은 스케일이 훨씬 컸고, 당연히 더 많은 위험들이 도사리고 있었다.

그가 분석한 첫 번째 실패원인은 '시간' 과 관련된 것이었다. 리버모어에게 있어 '시간'이란 평생의 화두이자 분석대상이었다. 주식방 시절에 그에게 주어졌던 시간은 '순간적인 것'이었다. 그는 시장의 순간적인 출렁거림에 베팅을 했고, 초 단위로 대응했다. 하지만 월스트리트에서 살아남으려면 중장기 전망을 수용하고 미래에 대응하는 쪽으로 전략을 수정해야만 했다. 인내심을 가지고 뚜렷하게 상승과 하락을 예상해야만 했다. 일단 베팅을 하고 난 다음에는 무조건 인내심을 갖고 기다려야 했다.

과거의 리버모어는 시장의 방향성을 맞췄지만 타이밍에서는 틀렸기 때문에 파산했다. 리버모어의 최종결론은 명백했다. 시장을 예측하는 것은 '도박'이다. 인내심을 갖고 시장의 신호에 반응하는 것이 바로 '투기'다. 이 최종결론을 증명할 수 있는 유일한 방법은 월스트리트에서 실제로 돈을 걸어보는 것이라는 사실도 그는 잘 알고 있었다.

대박은 큰 흐름에서 나온다

다시 뉴욕으로 돌아온 그는 두 가지 이유로 기대했던 만큼의 성과는 올리지 못했다. 그의 매매기법은 아직 그가 원하는 만큼 완벽한 것은 아니었고, 주위에 있는 다른 투기꾼들에게도 너무 귀를 기울이고 있었다. 이기고 있는 포지션을 꽉 붙잡고 늘어지는 대신 그는 몇 푼의 이익만 보고 팔아버리곤 했다. '수익을 실현하는 한 망하지는 않는다' 라는 격언을 신봉하고 있었기 때문이다. 또한 시장이 불리하게 전개되기 전에 수익을 실현하는 식으로 치고 빠지던 시절의 매매기법을 완전히 포기하지 못하고 있었다. 다른 투기꾼들로부터 빗발치듯 날아오는 정보가 그의 판단에 영향을 미치는 것도 문제였다. 특히 매우 정통하고 경험이 많아 보이는 투기꾼들로부터 쉴새없이 들려오는 정보가 그를 괴롭혔다.

그가 특히 우러러보는 거물급 선수가 한 명 있었다. 이 투기꾼은 절대로 정보를 흘리지 않았고, 누가 물어보면 딱 한 가지 조언만을 해주었다. "지금은 강세장입니다." 또는 "지금은 약세장입니다." 또는 "아직은 어디로 가야 할지 결정하지 못한 횡보장입니다." 리버모어는 훗날까지 이러한 태도를 고수하게 된다.

그는 이제 거래를 하기 전에 우선 시장의 전체적인 방향에 대해 결정해야 한다는 사실을 알게 되었다. 또 일단 한 번 베팅을 했으면 끝까지 지켜봐야 한다는 것도 알게 되었다. 팔아야 할 적당한 이유가 생길 때까지는 팔지 않는 것이 무엇보다 중요했다. 시장의 일반적인 추세가 내 편에 서 있고 특별히 참조할 만한 시장변수도 없다면 일단 끝까지 두고봐야 한다는 것이다.

그가 자신의 경험을 연구하며 내린 결론도 '진짜 대박은 큰 움직임에서 나온다' 는 것이었다. 판단이 정확하고, 인내심이 있고, 부정적인 변동성과 조정이라는 역경만 견뎌낼 수 있다면 언제든 주도권을 쥘 수 있다. 물론 고집스럽게 버티기만 하고 심각한 시장하락에도 수수방관하라는 의미는 아니다. 리버모어는 주식방에서 체득한 '10%의 규칙'을 평생 고수했다. 처음 매수가보다 10% 이상을 잃게 되면 그는 곧바로 포지션을 청산하곤 했다.

장기간의 깊은 분석을 통하여 리버모어는 서서히 진화하고 있었다. 그는 주식시장과 상품선물시장에서 자신만의 기법을 발전시키고 있었다. 그리고 마침내 리버모어는 자신이 개발한 규칙을 활용하여 대박을 터뜨리게 된다. 리버모어는 그때의 경험담을 '살떨리는 이야기(spooky story)'라고 표현하곤 했다.

리버모어가 29살이던 1906년 봄, 애틀랜틱시티에서 휴가를 보내고 있을 때의 일이다. 그는 모든 주식을 처분한 뒤 투기꾼 친구 한 명과 저지 해변에서 쉬고 있었다. 물론 허튼에는 계좌를 가지고 있었다. 그 무렵 리버모어는 평균 100달러짜리 주식 3,000~4,000주를 신용만으로 살 수 있는 거물이 되어 있었다. 이는 40만 달러 상당의 포지션을 구축할 수 있는 능력이 있다는 뜻이었다. 당시는 주가가 꾸준히 상승하고 있는 완만한 상승장이었다.

1906년 해변가의 화창한 어느 봄날 아침, 리버모어와 그의 친구는 약간 지루한 나머지 주가나 확인해볼겸 허튼 증권사 애틀랜틱 지점으로 어슬렁어슬렁 걸어들어갔다. 장은 매우 강했고, 리버모어의 친구는 상승 쪽에 많은 포지션을 쌓아두고 있었다.

"이것 보라구. 내가 말한 대로 엄청 강한 장이야. 뭘 좀 사보지 그
래, 제이엘?"

그러나 리버모어는 손가락 사이로 미끄러져 내려가는 주가테이
프만 조용히 응시하고 있었다.

"나랑 같이 한번 안 해볼 테야? 제이엘! 내 말 듣고 있어?"

리버모어는 여전히 친구의 말에 반응하지 않았다. 그는 침묵 속
에서 주가테이프만 계속 관찰하고 있었다.

아주 드물기는 하지만 리버모어는 간혹 이해할 수 없는 충동과
예감, 직관적인 압박 따위에 사로잡힐 때가 있었다. 대부분의 경우
그는 이러한 직감들을 무시하지만 계속 염두에는 두고 있었다. 그러
다 보면 결과적으로 대부분이 맞아떨어지곤 했다. 그것이 수백만 주
를 다뤄본 경험의 축적에서 오는 무의식적 의사결정인지 아니면 일
종의 심리적인 압박감인지 스스로도 잘 알 수 없었다. 어쩌면 도박
꾼의 단순한 직감일 수도 있었다. 그러한 앞뒤없는 직감들은 그가
신중하게 연구하고 적용해온 규칙들에 반하는 것들이었다. 논리나
분석에도 반하는 것들이었다. 하지만 실제로 추진해보면 항상 그에
게 돈을 몰아주었다.

그날도 그랬다. 한참동안 주가테이프만 관찰하던 리버모어는 지
점의 직원에게 이렇게 말했다.

"유니온퍼시픽 1,000주 공매도."

친구가 놀란 얼굴로 외쳤다.

"제이엘! 왜 공매도를? 지금 올라가고 있다니까!"

리버모어는 주문표를 받아쥐고서야 친구의 말에 대답했다.

"정확히 뭔지는 모르겠어. 그냥 이렇게 해야 될 것 같아서."

"자네 뭔가 알고 있나? 그런 거야?"

친구가 다급하게 물었다. 지점의 직원들도 그들을 흥미롭다는 표정으로 바라보고 있었다. 만약 그가 어떤 정보를 알고 있다고 말하면 그의 친구는 즉시 달려가서 똑같은 짓을 할 터였다.

"좀 봐줘. 말했잖아. 내가 왜 이러는지 나도 잘 모르겠어."

"자네는 이유 없이 이런 일을 벌일 사람이 아냐. 일관된 계획 없이 거래하는 건 얼간이나 하는 짓이라고 말한 게 누구야? 지금은 유니온퍼시픽에 공매도를 때릴 아무런 이유도 없다고! 대체 뭐야? 자네가 세워놓은 원칙을 번복하겠다는 거야?"

리버모어는 아무 대꾸도 하지 않았다. 대신에 그는 직원에게 다시 말했다.

"유니온퍼시픽 1,000주 추가 공매도."

"제이엘! 미쳤어? 3일 동안 태양 아래 누워 바닷바람만 마시더니 정신이 나가버린 거야?"

리버모어가 주문표를 주머니에 넣자 친구는 그의 팔을 세차게 잡아끌었다.

"또 바보짓을 하기 전에 빨리 여길 뜨는 게 낫겠다."

"잠시만….."

그러나 리버모어는 세 번째 1,000주 공매도 주문을 냈다. 그는 세 번째 주문표를 받아쥐고 나서야 친구에게 끌려나갔다.

그날 오후장이 마감될 즈음, 그는 허튼 지점에 들러 유니온퍼시픽의 가격을 확인하였다. 주가는 그가 공매도한 가격에서 거의 2달러나 올라 있었다.

"거봐, 제이엘! 내가 뭐랬나. 지금은 상승장이야. 바보같은 짓으로 순식간에 6,000달러나 날렸잖아!"

하지만 리버모어는 아무 말 없이 산책로로 돌아가 조용히 석양을 바라보았다.

다음날 오후 일찍 그들은 지점에 다시 들렀다. 주가는 추세대로 약간 더 올라 있었다. 그러나 장마감 무렵이 되자 갑자기 매도세가 출현했다. 리버모어는 2,000주를 더 공매도했다.

"자네 완전히 돌았군 ….."

친구는 완전히 포기했다는 투였다.

"내 생각도 그래. 나는 이제 뉴욕으로 돌아가야 해. 벌써 신용한도를 초과해버렸거든. 이제 돌아가서 포지션을 좀 돌봐야겠어. 휴가는 끝났다고."

그날 저녁 리버모어는 뉴욕으로 돌아왔다. 그리고 다음날 새벽, 정확히 1906년 4월 18일 새벽 5시 리버모어가 뉴욕에서 한창 잠에 빠져 있을 무렵 샌프란시스코의 지반이 흔들리기 시작했다. 처음에는 땅이 천천히 움직이며 우르릉 소리를 내더니 곧 지하로부터 무서운 충격파가 샌프란시스코를 강타하기 시작했다. 불쌍한 영혼들은 심연으로 사라졌고, 높은 빌딩들은 비틀거리다 붕괴됐다. 금융가는 화염에 휩싸였다. 기차역은 붕괴되었으며, 철로는 엿가락처럼 꼬여버렸다. 진동은 팔로알토에서도 느낄 수 있었다. 스탠퍼드 대학 캠퍼스도 파괴되었다. 여기저기 사상자가 속출했다.

다음날 아침, 리버모어는 조간의 헤드라인을 읽고 있었다.

"샌프란시스코 대지진.

주가는 충격적인 소식에도 불구하고 몇 포인트만 하락."

강세장 분위기에서 발생하는 악재가 사람들의 마음속에 자리잡는 데 걸리는 시간은, 이미 부정적인 분위기가 형성되어 있는 약세장 속에서 악재가 퍼지는 데 걸리는 시간보다 길다는 것을 리버모어는 알고 있었다. 실제로 그날 장이 끝나기 전에 주가는 오히려 전일 수준으로 반등했다. 리버모어는 이미 5,000주를 공매도했지만 수익은 아직 0이었다.

그의 친구도 곧 뉴욕으로 돌아왔다.

"악재가 터질 것이란 건 맞췄는데… 바람을 거슬러 침을 뱉으면 안 되지. 지금은 강세장이란 말일세. 내 말을 들었어야지, 제이엘."

리버모어는 주가테이프를 읽던 시선을 돌리지도 않은 채 여전히 무심한 목소리로 말했다.

"바람은 바뀌는 법이네."

아무리 재앙이 처음 생각했던 것만큼 심각하지 않다 하더라도 철도 관련 주식들이 더이상 상승하지 못할 것이라는 사실을 리버모어는 알고 있었다. 다음날 샌프란시스코로부터 뉴스들이 밀어닥치자 시장이 표류하기 시작했지만 아직도 주가가 급격하게 빠지지는 않았다. 그래도 리버모어는 자신이 옳다고 확신했다. 그는 브로커를 찾아가 특별신용거래로 유니온퍼시픽 5,000주를 추가로 공매도했다.

지진이 일어난 지 3일째 되던 날, 마침내 시장이 급락하기 시작했다. 특히 유니온퍼시픽은 급전직하했는데, 리버모어는 25만 달러의 수익을 손에 쥔 채 유유히 난파선에서 빠져나올 수 있었다.

정보는 독이다

애틀랜틱시티의 휴가를 예정보다 일찍 끝내야 했던 리버모어는 지진으로 대박을 터뜨린 후 다시 휴가차 사라토가 스프링스에 있는 경마장으로 갔다. 그는 사라토가의 모든 풍경을 사랑했다. 아름다운 경마장, 호화로운 객석, 매끈하고 아름다운 말들…. 뉴욕에서 행세깨나 한다는 사람들이라면 모두 여름마다 근사하게 차려입고 경마를 보기 위해 이곳으로 모여들었다.

그곳에서도 리버모어는 어느날 뉴욕증시를 모니터링하기 위해 허튼의 사라토가 지점으로 들어갔다. 그는 조용히 주가테이프를 관찰하며 주도주의 주가가 기록될 때마다 시세판을 올려다보았다. 사람들이 다가와 '몰빵소년'의 귀에 갖가지 정보를 속삭였다. 30줄에 가까워지고 있었음에도 그는 여전히 말쑥한 대학생처럼 보였다. 지점장이 다가와 사라토가에서 활약하는 큰손들의 매수매도 상황이 적힌 현황판을 보여주면서 슬쩍 주문표를 그의 손에 쥐어주기도 했다. 그럴 때마다 리버모어는 아무 말 없이 그냥 미소지었다.

그는 이번에도 자신의 '오랜 친구' 유니온퍼시픽에 주의를 집중하고 있었다. 아직은 매수인지 공매도인지 결정할 수 없었다. 시장은 올라가는 빈도 만큼이나 자주 내려가기 마련이다. 따라서 오르고 내리고는 별 의미가 없다. 그는 현금을 쥔 채 차분하게 공격시점을 기다리고 있었다. 주가테이프는 유니온퍼시픽의 거래량과 주가의 변화를 말해주고 있었다. 그는 3일 동안 지속된 상승세를 무시하고 매매 없이 주가테이프만 관찰해왔다. 프로급 작전꾼들이 유니온퍼시픽을 매집하고 있는 것이 분명했다.

셋째날, 그가 매수를 시작했을 때 유니온퍼시픽의 주가는 160달러였다. 그는 500주씩 10회에 걸쳐 총 5,000주를 샀다. 그러자 그의 오랜 친구 에드 허튼으로부터 다급한 전화가 걸려왔다. 에드 허튼은 정보력이 뛰어나고 고위층에 두루 발이 넓은 사람이었다. 월스트리트에서 벌어지는 일 치고 허튼이 모르는 건 거의 없었다.

"제이엘, 자네 미쳤나?"

"무슨 말씀을…."

"그치들이 자네를 물먹이고 있는 거야. 그 종목을 가지고 노는 작전세력이 자네가 매수하는 족족 팔아치우고 있단 말일세. 그리고 나서 한걸음 뒤로 빠졌다가 자네에게 다시 싼 가격에 사려는 거지. 자넨 지금 봉이 된 거야. 짬짜미 게임에서 혼자 바보가 된 거란 말일세."

"확실합니까?"

"물론이지. 높은 곳에서 나온 정보라네."

"제 생각에는 매집중인 것 같은데요?"

"바로 맞췄어. 자네가 매집하고 있는 거지! 주가는 떨어질 거야! 들어보게. 나는 수수료를 받아먹고 사는 사람이네. 그래서 자네가 뉴욕 최고의 큰손이 되었으면 좋겠어. 나는 지금 자네를 파멸에서 구출하려고 하는 중이라네."

"좋아요, 에드."

리버모어는 잠시 대화를 멈추고 생각에 잠겼다. 허튼은 과거에도 그를 여러 번 도와준 진정한 친구였다.

"고마워요, 에드. 포지션을 청산하겠습니다."

"암, 그래야지. 모든 게임에서 항상 이길 수는 없다네."

리버모어는 전화를 끊은 다음에도 잠시 주문표를 바라보다가 결국 직원에게 포지션을 청산하라고 지시했다. 그가 가진 유니온퍼시픽은 162달러에 모조리 팔렸다. 수수료를 제하고 나니 남은 것이 없었다.

다음날 유니온퍼시픽은 10%의 배당을 결의했고, 주가는 10달러나 치솟았다. 하루 사이에 리버모어는 5만 달러의 돈벌이를 놓친 것이다. 배당결의가 발표되고 있을 때 리버모어는 사라토가에 있는 허튼 지점에 있었다. 그는 그곳에 앉아서 주가가 솟구치는 광경을 조용히 지켜보고 있었다. 지점장이 그를 쳐다보며 어깨를 으쓱해 보였다. 사라토가 지점장은 전날 있었던 허튼과 리버모어의 대화내용을 알고 있었다. 리버모어는 미소를 지으며 고개를 끄덕여주었다.

리버모어는 허튼에게 화내지 않았다. 이번 경험 역시 학습의 일부였다. 시장은 그 자체로 순수한 메커니즘이며 냉정하고 진실한 하나의 세계다. 시장은 아무도 그 움직임을 보지 못하고 있을 때조차 항상 옳은 일을 하고 있다. 리버모어는 자신의 기법만 믿고 따르겠다고 새삼 결심했다. 최고의 호의를 지닌 절친한 친구로로부터 나온 정보라 하더라도 온갖 종류의 가면을 쓰고 다가올 수 있는 것이다.

리버모어는 이제 겨우 스물아홉이었다. 하지만 지난 15년 사이에 충분한 자본과 신용을 확보해놓고 있었다. 그는 먼저 주식방에서의 단타 습관을 떨쳐버렸다. 그리고 종목에 집중하는 대신에 그는 시장 흐름에 더 집중하게 되었다.

"시장은 결코 이성적인 토대 위에서 작동하지 않는다.
시장은 대개 감정적인 토대 위에서 작동한다.
추론 따위는 무용지물이다."

3

마침내 시작된 월스트리트의 전설

시장의 등락에 연연하지 마라

그는 매수보다는 공매도를 더 선호하는 월스트리트의 '곰(bear)', 즉 약세장 투자가였다. 인심을 잃기 쉬운 포지션이었지만 그는 평판에 개의치 않았다. 그는 주식이란 오르는 것만큼이나 자주 떨어진다는 사실을 알고 있었지만, 떨어질 때는 오를 때보다 두 배는 빠르게 떨어진다는 사실도 알고 있었다. 또한 그러한 진리가 바로 '오늘' 현실로 나타나고 있다는 사실도 알고 있었다.

첫 번째 대박 - 1907년 10월 24일

1906년 그의 새로운 전략이 드디어 빛을 발하기 시작했다. 리버모어는 하락을 향한 거대하고 근본적인 방향성을 감지했다. 거물급 세력이나 언론들은 여전히 뜨거운 강세장이 지속될 것이라 외치고 있었다.

모든 시장 관련 변수들을 주의깊게 살펴본 리버모어는, 추세가 아직 상승중이긴 해도 시장은 이미 상투를 찍었다고 결론내렸다. 이러한 판단을 확인하기 위해 그는 다양한 주도주에 '정찰병'을 보내 자신만의 독특한 매매전략을 적용해보았다. 주도주 네 종목을 골라 그 중에서 두 종목 정도를 공매도하면서 장을 시험해본 것이다. 그의 판단은 정확했다. 그가 공매도한 주식의 가격은 떨어졌으며, 반등을 할 때도 전고점을 돌파하지 못하고 비실거리며 고작 몇 달러 오르다가 다시 빠져 고점에서 멀어져갔다.

큰 베팅을 앞두고 그는 당분간 시장을 잊기로 했다. 팜비치에서 심해낚시로 긴장을 풀기로 한 것이다. 그에게는 그럴 만한 자격이 충분히 있었다. 새로운 매매전략도 좀 더 점검해보고 싶었다. 이제 그의 은행계좌에는 100만 달러가 들어 있었다. 1907년, 나이 서른에 제시 리버모어는 드디어 자신이 올바른 투자의 길로 들어섰음을 확신했다.

팜비치에서의 휴가를 보낸 후에는 파리로 향했다. 그는 유럽을 좋아했다. 그곳에선 주식 이야기를 듣지 않고 심신을 편하게 쉴 수 있었다. 은행에는 거금이 쌓여 있었다. 그는 잠시나마 아름다운 곳에서 아름다운 사람들에 둘러싸인 채 여유를 즐기고 싶었다. 그러나 평화로운 휴식은 오래가지 못했다. 리버모어의 영혼은 본질적으로 주식시장을 향해 있었다. 그는 파리에서 발행되는 헤럴드트리뷴을 읽었다. 애초에 그가 생각했던 것보다 뉴욕증시는 더 큰 폭락을 향해 치닫고 있었다.

포지션을 너무 빨리 청산한 것이 후회스러웠다. 평가익을 잃어버릴까봐 두려워했던 것 말고는 사실 포지션을 서둘러 정리할 만한 아무런 이유가 없었다. 그는 다만 현금을 은행에 넣어두고 싶었던 것이다.

그는 쾌속증기선을 타고 뉴욕으로 돌아왔다. 아직 그는 모르고 있었지만 '1907년 대공황'이 목전에 당도해 있었다. 리버모어는 뉴욕에 도착하자마자 추세에 대한 자신의 판단이 맞는지를 확인하기 위해 다시 공매도에 나섰다. 주도주 대여섯 종목을 골라 매우 큰 공매도포지션을 구축해본 것이다.

20세기 초의 미국증시는 사상초유의 강세장을 연출하고 있었고, 주가는 투기적인 양상으로 치닫고 있었다. 곧 금융계의 전형적인 악습이 등장했다. 이른바 '콜론(call loans)'이었다. 콜론이란 은행이

증권브로커에게 주는 초단기 대출을 말한다. 콜론으로 브로커들에게 넘어간 현금은 다시 고객들에게 신용의 형태로 대출된다. 콜론은 가뜩이나 달궈진 시장에 기름을 끼얹은 것과 같은 효과를 발휘한다. 이 과정에서 신용은 필수적인 것이다. 대출은 매일 오후 12시에서 2시 15분 사이에 '머니포스트(Money Post)'라는 곳에서 이루어진다. 은행원들이 브로커들에게 돈을 대출해주기 위해 주식시장에 설치된 머니포스트에 모였다.

　점점 누적되던 문제점들이 1907년 10월 24일 마침내 폭발했다. 원인은 간단했다. 브로커들이 신용을 메우는 데 필요한 현금을 은행이 가지고 있지 않았던 것이다. 그나마 남아 있는 돈은 100%~150%의 고이자로 풀렸다. 처음에 은행들은 이 고수익 대출에 경쟁적으로 뛰어들었지만, 이 무렵에는 그 어떤 이자율로도 은행들이 더이상 브로커들에게 대출을 제공하려 들지 않았다. 가장 무시무시한 형태의 신용경색이었다. 주가는 폭락했다. 리버모어는 그동안 지속적으로 공매도를 감행해 약세포지션을 쌓아놓고 있었다.

　10월 24일 오후 12시, 혼란이 객장을 엄습했다. 수백 명의 브로커들은 단기대출을 얻어내기 위해 비명을 지르며 머니포스트로 몰려들었지만 더이상의 자금은 없었다. 콜론은 씨가 말랐다. 이제 브로커들은 신용을 메우기 위해 별수없이 자신들의 포지션을 청산해야 했다. 하지만 이 와중에 주식을 살 사람은 아무도 없었다. 매수세도 씨가 마른 것이다. 주식시장이 연출할 수 있는 최악의 악몽이었다. 돈은 한 푼도 없었고, 주식을 팔려고 해도 살 사람이 없었다. 이 모든 것은 순식간에 벌어진 일들이었다. 완벽하게 절망적이고 노골적인 형태의 공포가 증권가와 은행가를 휩쓸었다. 월스트리트에서 돈이 자취를 감춘 것이다.

대공황의 마지막 희망

1907년 10월 24일은 리버모어의 기억에도 깊게 각인될 날이었다. 리버모어는 그날 난생 처음으로 100만 달러를 단 하루 만에 벌어들였다. 게다가 '그날'은 아직도 끝나지 않았다. 리버모어로서는 자신의 새로운 규칙을 이용하여 승리한 날이기도 했다. 그는 인내심을 가지고 모종의 큰 움직임을 기다리고 있었고, 타이밍이 감지된 후에도 자신의 판단이 옳다는 확신을 얻기 위해 시장에 정찰병을 보냈다. 그리고 마침내 모든 상황이 자신에게 유리하게 돌아갈 때를 기다려 진짜 배포를 드러냈다.

그날 장마감이 가까워질 무렵 그의 주식 포지션과 장부상 이익은 거대해져 있었다. 그러나 아직 그에게는 진짜 중요한 결단이 남아 있었다. 시장에 막대한 현금을 풀겠다는 J.P모건의 결단은 오직 한 가지 문제만 해결한 셈이었다. 현금이 풀려도 아직 주식에 대한 수요는 없었다. 그날 장이 끝나갈 무렵 리버모어는 여전히 매수세가 전무하다는 사실을 발견했다. 가격을 불문하고 사자는 사람은 아무도 없었다.

다음날 아침이 되면 시초가에 공매도를 시작함으로써 기념비적인 투매를 일으킬 수 있다는 사실을 그는 알게 되었다. 주도주들을 두들기면 그가 조장하는 하락압력이 더 깊은 하락을 야기하게 될 터였다. 시장이 더욱 추락하면 그의 평가익도 더욱 증가할 것이다. 리버모어의 신용은 하루 만에 훨씬 커졌다. 전날까지만 해도 시장에서 가장 각광받던 유니온퍼시픽 1만 주를 공매도하면서 하루를 시작할 수 있는 힘을 가지고 있었던 것이다. 물론 블루칩 중의 블루칩이라고 할 수 있는 대여섯 개의 다른 주도주들도 공매도할 수 있는 능력이 있었다. 블루칩들을 동시에 지옥불 속에 몰아넣을 수 있는 매매기술도 가지고 있었다. 다음날 아침 장에 세게 한방 먹인다면, 100만 달러가 아니라 1,000만 달러, 2,000만 달러도 순식간에 벌어들일 수 있었다.

이제는 그가 중대한 결정을 내려야 할 차례였다. 시장을 떠받칠 것인가, 아니면 정치인들이 영원히 거래소를 닫아버릴 때까지 시장을 끌어내릴 것인가? 그날 장이 끝나기 전, 리버모어가 다음으로 취할 행동에 대해 숙고하고 있을 무렵 공교롭게도 주식브로커이자 그의 친구인 워런 리드가 그를 방문했다. 리드는 리버모어의 과거 행적을 잘 알고 있었고, 그의 매매기술과 엄청난 배짱도 잘 알고 있는 사람이었다.

대화 도중에 리드는 웬일인지 잠시 자리를 비웠다가 이내 다시 돌아왔다. 그리고 리버모어에게 이렇게 말했다.

"제이엘. 자네에게 작금의 시장상황에 대해 자세히 설명하고 공매도를 자제해줄 것을 요청하라는 특별한 지시를 받았네. 시장을 좀 더 두들기면 자네가 훨씬 큰 이익을 볼 수 있다는 건 나도 잘 알고 있네. 하지만 때로는 대의를 생각해야 할 때도 있는 법이라네."

"자네 회사로부터 받은 지시인가?"

"아니. 우리 보스보다 더 영향력 있는 사람의 부탁일세."

"그럼… 모건인가?"

"그분의 개인적인 부탁일세. 사무실에서 우리 보스와 그분이 심각하게 대화하는 걸 들었네. 그리고 보스가 내게 지시를 한 거지."

리버모어는 생각에 잠겼다.

"자네… 그 사람들이 지난 몇 달 동안 시장에 물량을 떠넘기고 있었다는 걸 알고 있나? 하락장이 시작되는 걸 알고 자신들 배만 불리자고 주식을 퍼부어 개미들을 죽이고 있었다는 걸 알고 있었느냐 말이야."

"알고 있네. 하지만 주가가 너무 높으면 항상 그런 식이지 않은가. 똑똑하고 시장에 정통한 사람들이 덜 똑똑하고 시장에 무지한 개미들에게 파는 거지."

"맞아."

"제이엘. 시장을 다시 정상적으로 돌아가게 하려면 이쯤에서 매도를 멈추고 더이상의 출혈을 막아야 하네. 매도세가 멈추지 않는 한 시장이 남아나지 않을 거란 말일세. 혼란만 계속될 거야."

리버모어는 잠시 자신의 포지션에 대해 곰곰히 생각해보았다.

"자네 보스에게 그렇게 하겠다고 전해주게. 내일 장에서 더이상 매도는 하지 않겠네. 아침에 주식을 사서 공매도포지션도 청산하겠네. 그리고 공격적으로 매수를 시작할 거야. 나도 상황의 심각성을 알고 있네."

"고맙네, 제이엘. 즉시 보고하겠네."

사실 리버모어는 워런 리드가 나타나기 전에 이미 어느 정도 마음을 굳혀놓고 있었다. 추가적인 투매만 없다면 기술적 반등 차원에서 거래소가 회생할 수도 있을 것이라고 그는 판단했다. 게다가 그는 시장에 유동성이 풍부할 때 청산해야 할 거대한 공매도포지션을 보유하고 있었다. 그것을 청산하는 것만으로도 엄청난 이익이 실현될 터였다. 물론 도덕적인 이유도 가지고 있었다. 더이상의 투매는 나라 전체를 심각하게 망가뜨릴 수 있었다. 현실적으로 시장을 붕괴시킬 수 있는 힘이 다름아닌 자신에게 있다는 사실을 문득 깨닫고 리버모어는 전율했다. 그는 31살이었다.

다음날 아침 리버모어는 약속대로 공매도포지션을 청산함으로써 랠리에 불을 지폈다. 시장이 지속적으로 상승하자 그는 10만 주의 다양한 종목을 매수했다가 돌아온 매수자들에게 떠넘겼다. 그날 장이 끝나자 따끈따끈한 현금으로만 300만 달러가 그의 수중에 떨어졌다.

"인생은 대단한 거야."

그는 중얼거렸다. 30살이 되기 전에 세 번이나 파산했던 사람이 31살이 되자 마음만 먹으면 뉴욕증권거래소를 붕괴시킬 수 있는 사람이 되었다니…. 그의 얼굴에 미소가 떠올랐다. 그는 하룻동안 J.P. 모건과 어깨를 나란히했다. 모건은 파멸로부터 시장을 구할 힘을 가지고 있었고, 리버모어는 시장을 파멸시킬 힘을 가지고 있었다. 모건조차 실력으로는 그를 막지 못했을 것이다. 그는 한때 가명으로 주식방을 전전하는 처지였지만, 몇 년 후에는 미국의 가장 영향력 있는 은행가로부터 월스트리트를 살려달라는 부탁을 받는 처지가 되었다. 이 얼마나 짜릿한 인생인가!

아서 커튼과의 두뇌싸움

그는 훗날 1907년의 대폭락 당시 J.P. 모건이 그에게 선처를 호소한 것이 자신의 인생 중 가장 중요한 사건이었다고 회고했다. 물론 리버모어에게 이런 노골적인 형태의 권력이 큰 만족감을 주지는 못했다. 그의 만족감과 전율은 월스트리트를 이겼다는 점에 있었다. 거래기법을 분석하는 데 수백 시간을 보내고 수천 번의 실전을 거친 후 그는 결국 자신이 옳다는 사실을 알게 되었다. 대박은 큰 흐름에서 나온다. 푼돈을 모으는 것은 밑천을 마련하는 데 적합했지만, 진짜 대박은 큰 물결에서 왔다. 인내심을 가지고 자신의 판단이 옳다는 확신이 들 때까지 기다리자 그는 결국 큰 물결을 탈 수 있었다.

'도박꾼' 이었던 그는 불과 이틀 사이에 앞을 내다보고, 전반적인 상황을 평가하고, 신중하게 움직이는 진정한 '투기꾼' 으로 한 단계 도약했다. 초반에는 신중하게 시장을 테스트하고, 모든 상황이 자신에게 유리하게 돌아가고 있다는 확신이 생기면 비로소 전력투구하는 진정한 투기꾼이 된 것이다.

이제 '몰빵소년' 은 없었다. 물론 대중의 관점에서 보자면 리버모어는 여전히 겁없는 몰빵족이었다. 하지만 그들은 3막짜리 연극 중에서 마지막 10분만을 보고 있었다. 그들은 비밀리에 행해졌던 1막과 2막에는 전혀 관심이 없었다. 그들이 눈여겨보고 따라하고 싶어하는 것은 그 결과일 뿐이었다.

리버모어는 이제 막강한 투자전략을 가지고 있었다. 결코 끝나지 않을 고된 분석만이 성공으로 가는 키워드라는 교훈도 배웠다. 이번 대박이 요행이었는지, 아니면 자신이 매매의 진정한 키워드를 얻게 되었기 때문인지도 정확히 알아야 했다.

리버모어는 주식시장에서와 마찬가지로 상품선물시장에 대해서도 연구해왔고, 거래도 해왔다. 리버모어는 상품선물시장에도 곧 대폭락이 올 것이라 확신했다. 휴가를 떠나 새 요트를 마음껏 즐기기 전에, 그는 주식을 다룰 때와 똑같은 방식으로 먼저 정찰병을 보내 각 1,000만 부셸의 밀과 1,000만 부셸의 옥수수를 공매도했다. 밀은 예측대로 움직였다. 폭락한 것이다. 하지만 옥수수는 곡물의 전반적인 하락추세에도 불구하고 오르고 있었다. 리버모어는 금세 그 이유를 알 수 있었다. 영민한 곡물상인 아서 커튼이 옥수수를 매집하고 있었던 것이다.

1900년대 초 미국에서 옥수수의 매점은 일상적인 일이었다. 작전세력 또는 간혹 한 사람의 큰손이 특정 주식이나 상품에 대한 전체 공매도포지션의 규모를 알아낸다. 그리고 공격을 감행해 마지막 한 주, 마지막 한 톨의 옥수수까지 매점한다. 이는 공매도포지션을 보유한 사람이 자신의 포지션을 청산하기 위해 되사야 할 물건이 시장에 하나도 남아 있지 않게 된다는 뜻이다. 공매도 측에서는 부도를 막기 위해 어떤 값을 치르고라도 물건을 다시 사야만 하는 상황이 된다. 일단 매점이 일어나면 그 진행속도는 매우 빠르다. 공매도에 잘못 들어갔다가 작전에 걸렸음을 뒤늦게 깨달은 많은 투기꾼들이 이러한 작전의 희생양이 되었다.

아서 커튼은 리버모어보다 7년 먼저, 1870년에 온타리오의 겔프라에서 태어났다. 커튼은 훗날 '위대한 황소(Great Bull)'로 불리게 되고, 리버모어는 '위대한 곰(Great Bear)'으로 불리게 된다. 각각 강세파와 약세파의 대명사가 된 것이다. 커튼은 리버모어와 생김새도 비슷하여 보통 키에 호리호리한 인물이었다. 하지만 항상 첨단유행 패션을 추구하는 리버모어와 달리 커튼은 소박하고 평범한 옷을 입고 다녔다.

당시 아서 커튼은 이미 시카고 곡물거래소의 전설이 되어 있었다. 과묵하고 끈기있고 확신으로 가득찬 그는 매우 영향력 있는 인물이었다. 아서 커튼과 제시 리버모어는 매우 유사한 영혼의 소유자들이었다.

리버모어의 포지션을 알아낸 커튼은 자신의 유일한 호적수인 리버모어의 덜미를 잡고 있었다. 리버모어는 1,000만 부셸의 옥수수를 공매도하고 있었으므로 커튼이 옥수수값을 10센트씩 끌어올릴 때마다 리버모어에게 100만 달러씩의 손실을 안길 수 있었다. 그는 리버모어를 궁지로 몰아세우기 시작했다. 플로리다에서 요트와 함께하는 근사한 휴가는 완전히 물건너간 것이다. 다시 한 번 리버모어에게 생존의 문제가 대두되었다. 그나마 밀의 가격은 예상대로 하락하고 있어서 다행이었다. 하지만 옥수수 문제를 해결하지 않으면 밀로 벌어들인 이익의 전부 또는 리버모어의 전재산이 통째로 날아가버릴 수도 있었다. 리버모어는 자신의 대규모 공매도포지션을 커튼이 알고 있으므로 자신을 끝장내기 위해 모든 수단을 동원할 것이라는 점도 잘 알고 있었다.

어느날 저녁 침대에 누웠을 때 리버모어는 수집한 정보들을 종합하여 아이디어 하나를 떠올렸다. 그는 옥수수의 매점이 근본적으로 잘못된 선택이라는 걸 깨달았다. 농부들로부터 다량의 옥수수가 공급되고 있었기 때문에 옥수수값이 올라야 할 아무런 상식적인 이유가 없었던 것이다. 리버모어를 상대로 커튼이 장난을 치고 있을 뿐이었다.

리버모어는 신속하게 행동했다. 그는 우선 큰 이문을 남기고 밀의 공매도포지션을 청산했다. 계좌에는 다시 한 번 총알이 넉넉하게 쌓였다. 그는 커튼이 옥수수와 함께 귀리도 매점했다는 사실을 알아냈다. 당시 커튼은 시카고의 유력가문인 아머 패밀리에 대항하여 귀리시장에서도 매점작전을 펼치고 있었다.

이제는 반격할 차례였다. 리버모어는 먼저 5만 부셸의 귀리를 공매도하고 다시 5만 부셸을 공매도 하는 식으로 총 20만 부셸의 귀리 공매도포지션을 구축했다. 이 매도공세로 귀리값은 심하게 하락했다. 귀리값 급락을 본 투기꾼들은 커튼의 경쟁자인 아머가 드디어 행동을 개시한 것으로 믿을 것이다. 또한 아머가 계속해서 커튼의 옥수수 매점도 공격하기 시작할 것이라고 믿을 터였다.

실제로 귀리 가격이 무너지는 것을 본 투기꾼들은 서둘러 옥수수

시장에 뛰어들어 포지션을 팔아치우기 시작했다. 곧 폭락할 것으로 보고 조금이라도 가격이 높을 때 청산하려는 것이었다. 하지만 리버모어는 거기서 옥수수를 매수하고 있었다. 그는 투기꾼들이 내던지는 모든 물량을 퍼담았다. 그는 불과 10분 만에 600만 부셸의 공매도포지션을 청산하고, 그날 장마감 전에 나머지 공매도 역시 모두 청산했다. 동시에 20만 부셸의 귀리 포지션도 폐장 전에 청산해버렸다.

리버모어의 총손실은 밀에서 벌어들인 이익까지 따져 도합 2만 5,000달러였다. 하루 만에 커튼은 옥수수 가격을 다시 25센트나 끌어올렸다. 만약 리버모어가 트릭을 통해 옥수수 포지션을 청산할 수 없었다면 손실은 적어도 250만 달러에 육박했을 터였다. 이제 그는 정말로 휴가를 떠날 준비가 되어 있었다.

아름다운 가구로 장식된 리버사이드 가 194번지의 아파트로 이사한 리버모어는 그의 첫 번째 요트인 '아니타 베네치안'을 구입해 팜비치에 내려보냈다. 그는 이제 뉴욕 상류층 안에서도 두드러지는 유명인사였다. 낮 동안에 그는 아니타에 올라 플로리다의 따스한 햇살 아래서 낚시를 즐기면서 인생을 마음껏 향유했고, 밤에는 팜비치 인(Palm Beach Inn) 같은 근사한 식당에서 만찬을 즐겼다.

시카고, 또 하나의 승부처

　여느때처럼 비치클럽에서 즐기던 어느날 밤, 리버모어는 위대한 면화 투기꾼의 실패사례를 접하게 되었다. 자신의 브로커이자 오랜 친구인 에드 허튼이 리버모어에게, 면화왕 퍼시 토머스가 면화를 매점하려다 어떻게 망했는지에 대해 얘기해준 것이다. 퍼시 토마스는 그해 춘절(春節) 면화 포지션으로 파산한 인물이었다.

　토머스에 관한 에피소드를 전해들은 리버모어는 면화에 흥미를 느끼게 되었다. 그는 개인용 열차를 타고 뉴욕으로 돌아오는 길에 면화의 거래일지를 검토해보았다. 많은 사람들이 하절(夏節) 면화에 대해 약세 포지션을 취하고 있음이 분명했다. 하절 면화가 풀리는 7월이 오기 전에 리버모어는 면화를 사들이기 시작했다. 약세진영이 공매도포지션을 청산할 때까지 남은 시간이 별로 없었다. 리버모어는 그해 5월에 별로 힘들이지 않고 12만 포의 매수포지션을 구축했다. 그리고 얼마 지나지 않아 시장이 상승세로 돌아섰지만 여전히 거래는 부진했다. 남은 시간이 별로 없었지만 리버모어의 포지션은 이미 만기 전에 다시 파는 것도 힘들 정도로 거대했다.

　리버모어는 특유의 속임수를 활용했다. 토요일 장마감 10분을 남겨두고 행동을 개시해 각각 네 차례에 걸쳐 5,000포의 매수주문을 낸 것이다. 이로 인해 시카고의 면화 가격은 종가로 30포인트나 상승했다. 이제 뉴욕시장과 균형을 맞추기 위해 월요일 런던시장도 상승할 것이 분명하다. 그는 추세를 좇아 매매하고 있었지만, 유동성이 적은 시장에서 너무 거대한 포지션을 보유하고 있다는 사실을 스스로 잘 알고 있었다.

리버모어의 예측대로 월요일 런던 면화시장은 강세로 개장했다. 더구나 런던시장에서는 30포인트가 아니라 50포인트가 올랐다. 덕분에 월요일 시카고의 거래가 활발해졌음에도 불구하고 아직 리버모어의 거대한 포지션을 청산해버릴 수 있을 정도는 아니었다. 그는 슬슬 걱정이 되기 시작했다.

다음날 사무실로 가는 길에 만난 친구 한 명이 그에게 〈뉴욕월드〉의 1면을 보여주었다. 헤드라인은 다음과 같았다.

"제시 리버모어, 하절기 면화 매점하다."

한동안 리버모어는 자신이 그러한 루머와는 전혀 관계가 없다고 주장했지만, 사실관계야 어쨌든 시장은 그 뉴스로 인해 끓어올랐다. 넝쿨째 들어온 호박을 주워담기 위해 리버모어는 14만 포의 면화를 한꺼번에 팔아치웠다. 이 사건은 리버모어의 인생에 또 한 차례 깊은 교훈을 남겼다. 뜻밖의 횡재가 찾아오면 더 큰 행운을 기다리지 말고 재빨리 낚아채야 한다는 것이다. 유동성이 별로 없는 대형 포지션을 가지고 있을 때는 특히 그랬다. 그정도 포지션으로 가격을 하락시키지 않고 팔아치우기란 여간해서 힘든 일이었다.

이제 리버모어는 살아 있는 전설이 되었다. 떠도는 일화 중 일부는 사실이었지만, 어떤 이야기들은 월스트리트를 돌고도는 동안 잔뜩 부풀려지기도 했다. 그런 소문을 전해들을 때마다 리버모어는 고개를 흔들며 한 번 씨익 웃고는 다시 자신만의 비밀의 방으로 돌아가곤 했다.

다시 찾아온 공황, 다시 찾아온 기회

1928년 겨울부터 1929년 이른 봄까지 리버모어는 폭주기관차처럼 돌진하는 강세장에서 가장 확고한 강세파의 입장을 취했다. 그러나 사실 그는 시장이 방향전환의 신호를 보내오길 기다리고 있었다. 확실한 추세전환 신호가 나타나는 순간 그는 매수포지션을 모조리 청산해버릴 작정이었다. 보유한 포지션이 거대할 때는 장세가 여전히 강세라 하더라도 추세가 전환될 기미만 보이면 재빨리 팔아버리는 것이 최선이라는 것을 그는 경험으로 알고 있었다.

1929년 초여름, 강세장의 뜨거운 열기는 여전했지만 마침내 리버모어는 모든 매수포지션을 청산했다. 그리고 그는 과매수권에 돌입한 것으로 추정되는 주도주 목록을 작성했다. 장세는 강세에서 횡보로 변하고 있었다. 작금의 횡보세가 강세장에서 잠시 발생하는 단순 조정인지 아니면 전체 장세의 중요한 방향전환을 의미하는지 그는 스스로에게 물었다. 시장이 과연 추세전환에 돌입한 것일까? 전환의 기미가 분명한데도 모두들 탐욕 때문에 알아채지 못하고 있는 것일까? 아니면 모두가 알고 있으면서도 '폭탄 돌리기'를 하고 있는 것일까?

리버모어의 경험과 본능은 지금이 '상투'라고 비명을 지르고 있었다. 그러나 그에게 중요한 건 타이밍이었다. 핵심은 상투냐, 상투가 아니냐가 아니라 '언제 상투가 오느냐'였다. 예전에 그는 너무 일찍 행동을 취한 나머지 기본적으로는 자신의 판단이 옳았음에도 불구하고 결과적으로는 실패했던 경험이 있었다. 그는 자신이 개발한 방법대로 소량의 척후병을 공매도 쪽으로 보내 시장을 테스트해 보기로 했다.

5번가 730번지 헥셔 빌딩에 위치한 호사스러운 작전상황실에서 리버모어는 비밀스럽게 매매를 진행했다. 비밀을 유지하기 위해 그는 브로커를 거듭 갈아치웠다. 이후 6개월 동안 그가 이용한 브로커는 100명에 달했다. 그는 누구에게도 전략을 발설하지 않았고, 칠판에는 자신만의 비밀부호를 사용했으며, 모든 포지션을 구축하기 전까지는 언론노출도 피했다. 그의 테스트는 은밀했고 신중했다.

리버모어는 몇 종의 주식에 대해 소량의 공매도를 시도했다. 그러나 시장은 계속 상승했고, 그는 결국 25만 달러 이상의 손해를 감수한 채 포지션을 청산해야 했다. 하지만 25만 달러는 그에게 별로 크지 않은 돈이었다.

리버모어는 좁고 기다란 통로를 오가면서 늘 업무에 열중하고 있는 6명의 직원을 거느리고 있었다. 런던과 파리의 증시로 연결된 직통전화도 빈번히 활용하고 있었다. 시카고 곡물거래소로 연결된 직통전화를 통해 그는 주요상품의 가격이 거래소를 막론하고 사상최저가 수준으로 폭락하고 있음을 알게 되었다. 그는 끊임없이 경제상황을 체크했고, 결국은 미국과 전 세계가 심각한 디플레이션 위험에 처해 있음을 알게 되었다.

리버모어는 두 번째 정찰대를 조직하여 자신의 강력한 느낌을 재차 시험했지만 이번에도 역시 들어맞지 않았다. 또다시 손실을 감수하고 포지션을 청산할 수밖에 없었다. 그러나 그해 여름이 끝나갈 즈음 세 번째 정찰대를 보내고 나서 그는 마침내 자신의 판단이 옳았음을 확신했다. 세 번째 공매도포지션이 갑자기 수익을 내기 시작한 것이다. 큰 수익은 아니었지만 최소한 수익은 내고 있었다. 타이밍이 된 것이다.

마침내 리버모어의 인내가 빛을 발하기 시작했다. 그가 낚시를 좋아하는 것도 바로 이런 이유 때문이었다. 옳은 선택을 했다면 끈기를 가지고 인내해야만 고기를 잡을 수 있다. 이제 낚싯바늘에 고기가 걸려들었으므로 끌어올리기만 하면 된다. 하지만 이번 전투는 아무래도 예사롭지 않았다. 그는 몰빵소년, 월스트리트의 불곰, 월스트리트의 고독한 늑대로 알려져 있는 인물이었다. 그는 이제부터 진짜 자신의 명성에 걸맞게 행동할 참이었다.

1929년 여름 리버모어는 시장이 여전히 강세일 때 일련의 공매도포지션을 펼치기 시작했다. 시장이 강세였으므로 반대포지션을 구축하는 것은 그리 어렵지 않았다. 거의 대부분의 사람들이 시장의 강세를 점치고 있었고, 공매도는 미친짓이라고 생각했다. 따라서 포지션을 구축하는 데 필요한 주식을 빌리는 것도 식은죽먹기였다. 당시는 호시절이었다. 경제는 호황이었고 유동성도 풍부했다. 돈을 빌려주겠다는 사람들이 줄지어 대기하고 있었지만 인플레이션 징후는 어디에도 없었다. 오히려 소비자물가는 하락하고 있었다. 리버모어의 친구들은 도대체 왜 팔려고 하느냐며 그를 말렸다.

하지만 리버모어는 오래전부터 모든 것들을 면밀히 관찰해왔다. 그리고 이제 자신의 천재적인 직감이 본격적으로 작동하고 있었다. 그는 자신의 본능적 감각을 결코 직감이라고만 생각하지 않았다. 그의 직감은 모든 경험과 지식의 총체였다. 안이한 단잠을 방해하는 꿈 속의 천둥이었다.

시장이 정점에 이르렀다는 신호는 여기저기서 감지되고 있었다. 하지만 시장은 절정으로 치솟았다가 곧바로 추락하지는 않는다. 과거의 모든 양상이 그랬던 것처럼, 증시는 마치 바다에서 거대한 배가 움직이듯 서서히, 냉혹하게 움직인다. 당시 시장은 리버모어가 과거에 목격했던 것과 동일한 신호를 보내고 있었다. 주도종목들은 주춤거리면서 신고가 돌파에 번번이 실패하고 있었다. 소수의 영리한 선수들만이 탐욕에 사로잡힌 개미들에게 주식을 떠넘기고 있었다.

개미들의 흥분은 절정에 달해 있었다. 기계공, 이발사, 구두닦이, 신문팔이, 주부, 심지어 농부들까지 10%의 증거금으로 주식을 샀다. 그들은 주식으로 돈버는 것이 식은죽먹기라는 확신에 취해 있었다. 아닌 게 아니라 그저 주식을 사서 더 많은 돈을 벌면 되는 시절이었다. 한마디로 '끝없는 번영'이 지배하는 그런 시대였던 것이다. 당시의 세상은 무척이나 단순한 공식이 지배하고 있었다. 주식을 사고, 부자가 되는 것이었다. 주가는 일방통행이었다. 상승, 상승 그리고 상승이었다. 이 영원한 번영에는 아무리 보잘것없는 사람도 얼마든지 동참할 수 있었다.

리버모어는 '눈먼 돈'들의 폭주에 힘입어 주가가 현기증나도록 상승해 시가총액이 가파르게 증가하는 현상을 목격했다. 우량주들은 해당업체 1년 순익의 30, 40, 50, 60배에 팔렸다. 평상시라면 8배에서 12배 사이에 거래되던 것들이었다. 첨단업종을 비롯한 투기성 종목들은 주가가 아예 까마득한 하늘끝까지 치솟았다. 유행에 편승한 소위 '테마주'들이었다. 하지만 고점 부근에서 스마트머니가 매도를 시작해 분산국면에 돌입하면, 주도주들의 움직임이 주춤해지면서 신고가 경신에 실패하고 있었다.

1929년 가을 리버모어는 자신의 사무실에 앉아 헤드폰을 낀 6명의 서기들이 초록색 칠판 위에 분주히 시세를 적어넣는 모습을 지켜보고 있었다. 그들이 적어넣는 기호들은 그에게 음악을 들려주고 있었다. 지난 몇 년간 무척이나 감미롭게 흐르던 장엄한 교향곡이 이제 가파르게 클라이맥스로 치닫고 있었다. 파국이 멀지 않았다. 박자가 통제를 벗어나 흐트러지고 있었고, 화음은 자꾸만 귀에 거슬렸다.

그는 사무실에서 빠져나와 윤기가 흐르는 마호가니 회의테이블에 몇 시간 동안 그대로 앉아 있었다. 통로를 따라 움직이는 서기들의 모습이 새삼 눈에 들어왔다. 그의 결의는 점점 굳어지고 있었다. 갈등과 번민은 충분했다. 이제는 폭풍의 시간이었다.

장이 열리자마자 격렬한 지각변동이 시작됐다. 개장 후 불과 30분 만에 크라이슬러, GE, 인터내셔널텔레폰, 스탠더드오일 같은 우량주들이 한 번에 5만 주씩 쏟아져나왔다. 큰손과 기관들에 의해 말도 안 되는 가격에 무차별적으로 쏟아지는 이들 물량에 구경꾼들은 대경실색했다. 여름 강세장의 절정국면에서 주당 310달러를 호가하던 AT&T는 소름끼치게 추락하여 204달러를 기록했다. US스틸은 마치 스키선수가 활강을 하듯 190, 180, 170달러로 차근차근 떨어졌고, 이후로도 지속적으로 하락했다. 한때 110달러대를 오가며 한 시절을 풍미했던 RCA는 26달러에도 매수세가 없었다. 어떤 브로커들은 이성을 잃고 한 주라도 더 빨리 팔기 위해 필사적으로 매도주문을 냈지만, 이는 하락의 악순환에 더욱 힘을 실어줄 뿐이었다. 모두가 넋이 나갔다. 투자자들이 미치광이처럼 비명을 지르며 객장을 뛰쳐나가는 모습을 다른 투자자들은 공포에 질린 눈빛으로 묵묵히 지켜보고 있었다.

정오까지 800만 주가 매물로 쏟아져지며 무서운 기세로 과거의 모든 기록을 갈아치웠다. 얼마 후 뉴욕증권거래소의 운영위원들은 객장 지하의 작은 방에 모여앉아 담배연기에 휩싸인 채 비밀회의를 열었다. 이윽고 패닉이 가라앉을 때까지 무기한 거래를 중지해야 할 것인가에 대해 열띤 논쟁이 오고갔다.

그날 아침 내내 뉴스정보단말기를 통해 긴급 메시지가 짧게 짧게 이어졌다.

연방준비제도이사회, 멜런 장관과 워싱턴 긴급회동.

내각회의 소집.

후버 대통령, 라몬트 상무부 장관과 긴급회동.

J.P.모건 주니어의 사무실에서 유력 은행가들 긴급회동.

두 번째 대박 —1929년 10월 29일

평생 저축한 돈으로 주식을 산 투자자들의 절규는 아랑곳없이 무려 150억 달러의 시가총액이 온데간데없이 공중으로 사라져버렸다. 금융적인 피해 규모가 확정되자 다음 차례는 참혹한 인명손실이었다. 부도를 맞은 사업가들은 심장마비를 일으켰다. 방향을 잘못 선택한 투기꾼들은 호텔 창문을 열고 뛰어내리거나 창문을 모두 닫고 가스밸브를 열었다. 이러지도 저러지도 못한 투기꾼들은 독약을 마시거나 간단하게 권총으로 제 머리를 쐈다. 허망한 죽음들 뒤에는 평생의 고된 노동과 헛된 꿈 그리고 치명적인 환상이 남겨졌다. 그들이 남긴 유서에는 다음과 같은 글귀가 남겨져 있었다.

"모든 것을 잃고 말았다. 빚진 돈을 갚을 능력이 없다."

단 한 차례의 거대한 꿈틀거림은 한 나라의 시가총액의 1/3을 날려버렸다. 이날의 충격은 나이의 많고 적음을 떠나 모든 세대의 뇌리 속에 끊임없이 흘러다녔다. 비서와 점원, 노처녀, 소규모 자영업자 등 대부분 중산층에 속했던 수십만 미국인들의 꿈이 부도를 맞았다. 평생 열심히 일해서 저축한 돈을 잃었을 뿐 아니라 거액의 부채까지 짊어지게 되었다. 나라를 뒤흔든 대폭락은 심리적으로도 심각한 상흔을 남겨 10년이 지난 지금까지도 어디서나 그 여파를 느낄 수 있다.

— 윌리엄 클링거먼, 『1929: 대폭락의 해』

차라리 어떤 사람들은, 공포라는 악마가 하늘높이 날아올라 그토록 강력하게 세상을 지배하던 탐욕의 신을 쓰러뜨리는 광경과 인간들의 필사적인 절규를 지켜보고 싶었을 것이다. 하지만 리버모어는 아니었다. 그는 이러한 모든 '인간적인 반응'들로부터 자유롭기를 원했다. 그는 다른 포식자들을 경계하며 먹이를 찾아 툰드라를 배회하는 한 마리 늑대와 같았다. 월스트리트에는 예나 지금이나 치명적인 결정타 한방으로 자신의 금융인생을 끝장낼 수도 있는 수많은 맹수들이 우글거리고 있었다.

10월 29일 화요일 이른 아침, '월스트리트'라는 거대한 협곡은 예정된 종말을 목격하기 위해 몰려든 수천 명의 흥분한 구경꾼들로 우글거렸다. 기마경찰과 제복을 입은 형사들이 뉴욕증권거래소 입구까지 길을 내기 위해 군중들을 통제하려 했으나 헛수고였다. 경찰들이 겨우 길을 열면, 난폭한 군중들이 그 길을 즉시 다시 메워버렸다.

거래소 내부의 객장에서 개장 종소리를 기다리고 있던 사람들은 시계바늘이 오전 10시를 향해 조금씩 다가섬에 따라 긴장과 공포에 휩싸이고 있었다. 채 일주일도 지나지 않은 '검은 목요일'에 미국증시는 이미 역사상 가장 큰 재앙을 겪었다. 그리고 다음 월요일 오후의 연이은 주가폭락으로 이미 만연해 있던 공황심리가 더욱 증폭되고 있었다. 미국 전역의 증권사 객장에서는 신경이 날카로워진 투자자들이 가끔 기침을 하거나 초조하게 다리를 번갈아 꼬아가며 마치 최면에 걸린 사람들처럼 시세판을 응시하고 있었다. 그 냉혹한 기계장치는 잠시 후 생존보다는 사망선고가 훨씬 더 많은 살생부를 공개할 예정이었다.

– 윌리엄 클링거먼, 『1929: 대폭락의 해』

아침 7시20분 정각, 제시 리버모어는 롱아일랜드 킹스포인트에 있는 방 29개짜리 대형 맨션의 현관 앞에서 검은색 롤스로이스의 앰블럼이 미끄러지듯 다가오는 모습을 지켜보고 있었다. 운전사는 훈련이 잘 되어 있어서 언제나 정확히 7시 20분이면 현관 앞으로 차를 댔다. 제시 리버모어는 매우 정확한 사람이었다.

롱아일랜드 사운드로부터 흘러온 옅은 회색 안개가 허공에 둥둥 떠다니고 있었다. 안개는 공기를 차갑게 식혀 계절의 변화를 재촉함과 동시에 왠지 불길한 기운을 머금고 있었다. 차는 긴 원형차도를 돌아 정확히 리버모어 앞에 섰다. 그는 아무 말 없이 운전사에게 고개를 끄덕이고는 팔에 신문을 낀 채로 손수 문을 열고 뒷좌석에 앉았다. 그리고는 언제나처럼 신문들을 가죽의자에 주욱 펼쳐놓고 헤드라인부터 훑어보았다. 〈뉴욕타임즈〉〈런던타임즈〉〈월스트리트저널〉… 내용은 모두 똑같았다.

"전 세계 증시 대폭락!"

승용차가 차도로 진입하자 리버모어는 독서등을 켜고 옆창문의 커튼을 내렸다. 그는 어두운 고요 속에서 신문을 찬찬히 살펴보고 싶었다. 사실 신문의 내용은 별로 놀랄 만한 것들이 아니었다. 그는 이러한 헤드라인을 거의 일년 동안이나 기다려왔던 것이다. 차가 맨해튼을 가로지를 때 운전사는 내부 차단창을 내리지 않은 채 인터폰으로 말했다.

"리버모어 씨, 맨해튼에 진입했습니다. 제게 알려달라고 하셔서요."

그제서야 리버모어는 두꺼운 커튼을 열고 밝은 햇살을 받아들였다. 그는 세상의 분위기를 직접 두 눈으로 보고 느낄 수 있도록 월스트리트 중심가로 달릴 것을 운전사에게 지시했었다. 리무진은 5번가 730번지 헥셔 빌딩 앞에서 멈췄다. 리버모어는 개인전용 고속승강기를 타고 18층에 있는 펜트하우스로 올라갔다.

그는 〈뉴욕타임즈〉 최근호들에서 발췌한 기사뭉치를 읽기 시작했다. 모든 신문들이 주식시장의 비참한 추락과 관련하여 리버모어를 비난하고 있었다. 자유낙하에 가까운 이 바닥모를 폭락의 원흉으로 다름아닌 그를 지목하고 있었던 것이다. 하지만 비즈니스는 전쟁이다. 전쟁터에서 실수를 저지르면 죽는다. 주식시장에서도 실수를 저지르면 즉시 파산한다. 눈깜짝할 사이에 금융적으로 사망하는 것이다. 그것이 왜 내 잘못이란 말인가!

그는 1억 달러를 족히 넘길 만한 100만 주 이상의 포지션을 가지고 있었다. 이 포지션은 이미 한 달 전부터 무려 100명이 넘는 브로커들을 통해 천천히, 비밀스럽게, 조용히 쌓아온 것이었다. 당연히 공매도포지션이었다. 나중에 훨씬 더 낮은 가격으로 주식을 되살 기회가 올 것을 기대하며 이미 주식을 빌려서 팔아놓은 것이다. 그는 '월스트리트의 위대한 곰' 이라는 명성에 걸맞게 행동하고 있었다.

사실 이러한 상황은 그의 감성과 이성에 영향을 미쳐 얼마간 판단력을 흐리게 할 것이 분명했다. 과연 이것이 진짜 바닥일까? 아니면 가파른 하락세 중의 일시휴식일까? 시장에 대한 신뢰가 회복되어 자유낙하를 멈추게 할 수는 있는 걸까? 지금이 과연 공매도포지션을 청산해야 할 시점일까? 그의 운은 전적으로 이러한 질문들에 달려 있을 것이다. 주식시장에서 정말 중요한 것은 '무엇을 하겠다고 말하는 것' 이 아니라 '실제로 무엇을 했느냐' 하는 것이다.

두 시간으로 제한된 뉴욕증권거래소 거래시간 동안 주요종목들은 역사상 가장 파괴적인 하락을 경험했다. 종가가 공개되었을 때 순손실은 5~20포인트에 이르렀고, 시가총액 중 10억 달러 이상이 허공으로 사라졌다. 그날의 총거래량은 3,488,100주로 뉴욕증권거래소가 생겨난 이래 토요일 거래량으로는 두 번째로 많았다. 특히 개장 후 30분 동안 거래량은 평소의 하루 5시간으로 따진다면 8,500,000주를 능가하는 수치였다. 주가표시기에 과부하가 걸리는 바람에 사람들은 12시 장종료 종소리가 울린 후 1시간 23분이 지날 때까지도 종가가 어떻게 나왔는지 알 수 없었다.

대공황의 설계자

미 전역에서 발행되는 모든 신문들이 그를 이번 폭락의 주범으로 지목했다. 그러나 엄밀하게 말하자면 그는 이번 사태의 주범이 아니었다. 그는 그렇게까지 힘있는 존재가 아니었다. 아무도, 심지어 위대한 모건 가문의 사람들조차 그렇게 전지전능하지는 못했다. 하지만 그가 이번 폭락을 촉발했으며 거듭되는 공매도로 계속 주가를 끌어내렸다는 성난 군중의 비난을 멈출 수는 없었다.

그는 〈타임〉지에 직접 전화해 자신이 비난받을 만한 행동을 전혀 하지 않았다고 해명했다. 그러나 아무 소용이 없었다. 어쨌든 사람들은 그를 단죄하고 싶어했다. 그는 1929년 10월 22일자 〈타임〉지에 실린 자신의 인터뷰 헤드라인을 다시 읽어보았다.

"리버모어, 공매도 작전세력 아닌 듯"
현 폭락장에서 대량으로 공매도를 주도해온 작전세력의 수장이라고 알려진
제시 L. 리버모어는 전일 그러한 작전세력과의 어떠한 연관성도 부인했다.
리버모어 씨가 5번가 730번지에 있는 자신의 사무실에서 발표한 성명은
다음과 같다.

"내가 진두지휘하는 거대한 공매도 작전세력이 구성되었으며 여러 거물 자본가들로부터 지원을 받고 있다는 식의 다양한 소문이 지난 며칠 동안 신문지상과 여러 중개사무소를 통해 급속도로 퍼져나가고 있다. 나에 관한 한, 그런 소문에는 어떤 진실도 담겨 있지 않다고 말하고 싶다. 그리고 다른 사람에 의해서도 그런 세력이 규합된 적이 없는 것으로 나는 알고 있다. 내가 주식시장에서 벌이고 있는 조그만 사업은 전적으로 나 혼자 독자적으로 진행하는 것이고 앞으로도 계속 그런 차원에서 진행될 것이다. 한 개인이나 집단이 미국처럼 거대하고 번창하는 국가의 주식시장을 인위적으로 끌어올리거나 끌어내릴 수 있다고 보는 건 매우 어리석은 생각이다. 오히려 지난 몇 주 동안 벌어진 일들은, 오랜기간 지속적으로 실제 순익과 수익률에 기초한 적정가치보다 주가를 몇 배나 끌어올린 일련의 조작에 대한 준엄한 심판이었다.

이렇게 터무니없는 가격까지 끌고온 바로 그 사람들이야말로 오늘 주식시장에서 벌어지고 있는 일들에 직접적인 책임이 있는 사람들이다. 다만, 진정으로 투자할 만한 가치가 있는 주식들도 별볼일없는 주식들에 대한 응당한 조정에 동반폭락한다는 사실이 일반대중들에게는 매우 불행한 일이다.

만약 사람들이 좀 더 신경을 써서, 예컨대 US스틸이 8배에서 10배 가량 높은 가격에 팔리고 있음을 알아챘다면 다른 주식들도 어처구니없이 높은 가격에 팔리고 있다는 사실을 알았을 것이고, 또한 이러한 추세가 오랫동안 지속되어왔음을 틀림없이 깨닫게 되었을 것이다.

여러 차례 경고를 해왔던 연방준비제도이사회와 은행가의 오피니언리더들도 시장의 지속적인 상승을 막을 수 없었다. 하물며 한 개인이 주가의 경로에 중대한 영향을 미칠 수 있다고 의심하는 것부터가 매우 순진하고 우스꽝스러운 태도일 수밖에 없다."

그는 커다란 책상 위에 놓여진 주가표시기 옆에 조용히 앉아 기다렸다. 마호가니 원목으로 만들어진 책상에는 놋쇠로 만들어진 황금색 주가표시기와 종이 한 장, 연필, 책상과 짝을 이룬 마호가니 서랍 외엔 아무것도 없었다. 이제 모든 직원들이 출근했다. 칠판에 적은 시세를 실수로 지우는 일이 없도록 알파카 재킷을 입고 있는 여섯 명의 서기가 시세판에 올라가 있었다. 시세판 서기들은 모두 귀에 헤드폰을 낀 채 한 손에는 마이크를 들고 있었다. 그들은 뉴욕증권거래소 객장과 직접 연결되어 있었는데, 각자 담당하는 주식 및 상품 영역이 따로 정해져 있었다. 이윽고 주가표시기는 구멍난 비늘로 덮인 하얀 뱀처럼 종이테이프를 뱉어내기 시작했다. 그 기호들이야말로 미국 기업 대부분을 상징하며 또한 국부의 대부분을 의미하고 있는 것이다.

주가표시기에서 쏟아져나오는 테이프를 읽는 것은 리버모어에게 있어 신문을 읽는 것이나 마찬가지였다. 그는 가슴으로 그 모든 기호들을 이해하고 있었고, 천재적인 도박사들이 앞서 나왔던 카드의 순서를 기억하는 것처럼 그 역시 과거의 모든 시세를 기억하는 비상한 수학적 두뇌를 가지고 있었다.

서기들은 대쉬 사무장의 지휘 아래 일사불란하게 움직였다. 리버모어는 서기들이 적어넣는 시세판을 보는 즉시 자신의 포트폴리오의 상황을 달러 단위까지 정확하게 계산해낼 수 있는 사람이었다. 사무실은 주가표시기 돌아가는 소리와 시세판 위로 분필이 달리는 소리 외에는 쥐죽은 듯 고요했다. 시장이 열려 있는 동안 리버모어의 사무실에는 항상 정적이 감돌았다.

그날 리버모어가 보유하고 있는 모든 포트폴리오의 총 가치는 1억 달러를 넘어서고 있었다. 전화벨이 울리자 그는 대쉬에게 전화를 받지 말라고 손짓했다. 지금은 장이 열려 있기 때문에 그 어떤 협박전화도 받고 싶지 않았다. 전화는 늘 그의 집중력을 분산시키곤 했다. 장이 열리면 그는 초원을 배회하는 늑대가 되었다. 그는 오로지 일에만 집중했다. 주가 1포인트 등락은 자신의 포트폴리오에서 100만 달러를 벌거나 잃는다는 것을 의미했다.

아주 사소한 집중력의 분산도 그에게는 수백만 달러의 대가를 요구할 수 있었다. 온몸의 세포 하나하나까지 예민하게 깨어 있는 상태, 이것이 바로 그가 원하는 거래의 자세였다. 장이 열리면 시세 이외에 이 세상에 존재하고 있는 것은 아무것도 없었다. 시세를 읽고, 그로부터 뭔가를 찾아내고, 그에 따라 행동할 수 있을 만큼 충분히 똑똑하다면 사실상 주가테이프는 모든 것을 말해주었다. 그는 공포와 탐욕이라는, 주식시장에 존재하는 가장 지배적인 두 가지 감정과 맹렬히 싸우고 있었다. 테이블 위에 어마어마한 판돈을 쌓아두고서.

해머링 기법

"한때 최고의 전국구 투기꾼이었던 제시 리버모어가 지난 몇 주 동안 시장을 하락시킨 공매도세력(bear clique)의 리더였다!"

주가표시기가 틱틱거리는 곳이라면 어디서나 이런 이야기가 횡행하고 있었다. 한동안 고공행진을 하던 중심종목들의 현저한 약세는 최소한 부분적으로라도 그의 공매도에 기인한다는 것이었다.

리버모어가 몇 년간의 잠수 끝에 다시 공매도 세력으로 복귀했다는 소식은 단연 월스트리트의 빅뉴스였다. 주요한 폭락요인으로 지목되는 공매도는 팔자세를 더욱 증폭시켰고, 그 누적효과는 가뜩이나 루머로 혼란스럽던 증시에 부정적 영향을 끼쳤다. 시장이 어떤 조직적인 부양도 받고 있지 못하다는 사실이 분명해지자 평소에 강력한 지지를 받던 주식들도 표류하기 시작했다. 시장에 흘러다니는 소문에 의하면, 리버모어는 US스틸, 몽고메리워드, 시몬스, GE, A.F파워와 그외 대여섯 개 주도주들을 대량으로 공매도하고 있었다. 리버모어의 전문인 '두드리기 전술(hammering tactics)'이 시작되었고, 그로 인해 시장이 비틀거리다가 결국 쓰러졌다는 것이다.

커튼, 피셔, 듀란트 그리고 그 외 소위 '월스트리트 빅10' 그룹은 이들 특정 주식들을 대량으로 보유하고 있었다. 하지만 그들은 매우 치밀한 공매도와 함께 자연스럽고 효율적인 장세흐름을 통해 자신들의 계획과 연대가 처참하게 깨어지는 광경을 속수무책으로 지켜보아야 했다.

약세파의 탁월한 리더였던 리버모어는 기민한 공매도 작전으로 다시 어마어마한 부를 거머쥐게 되었다. 비록 일시적이긴 하지만 이번 전쟁에서 최소한 자신의 판단과 행동이 정확하게 '옳은 것'으로 증명된 셈이었다.

협박전화는 계속해서 리버모어를 괴롭혔고, 날이 갈수록 오히려 더 심해지고 있었다. 언론들은 워낙 말수가 적은 리버모어에게서 나오는 말이라면 무엇이든 보도할 준비가 되어 있었다. 그는 〈뉴욕타임즈〉에 전화를 걸었다. 11월 13일자 〈뉴욕타임즈〉의 톱기사는 다음과 같았다.

이젠 강세파가 된 리버모어, "현재의 주식폭락 과도하며 몇몇 종목은 부당하게 할인된 듯"

여러 주 동안 약세진영에 서 있었고 이번 폭락장에서 그 어떤 투자자보다도 많은 주식을 공매도한 것으로 알려진 제시 리버모어 씨는 지난밤 뉴욕타임 즈와의 인터뷰를 통해 주도주들이 적정한 가치에 비해 너무 많이 하락했다는 자신의 확신을 피력했다. 자신의 포지션에 대해서는 언급이 없었음에도 불구하고 이러한 발언은 그가 공매도포지션을 청산하고 매수세력에 가담했다는 추측을 낳게 했다.

"훌륭한 배당경력을 가지고 있고 성장성이 유망한 주도주들은 현재 대폭 할인되어 있습니다."

리버모어는 선언했다.

"그중 적잖은 종목들이 너무 많이 떨어졌습니다. 전국의 투자자들이 정신적 공황상태에 빠져 진정한 가치와 상관없이 좋은 주식들을 마구 내던지고 있습니다. 제 생각으로는 이런 상황이 오래가지는 않을 겁니다. 어째서 최고의 주식들이 지난 며칠 사이에 그렇게 무자비하게 투매되어야 했는지 그 이유를 알 수 없습니다. 우리는 지난 며칠 동안 대량의 우량주들이 시장에 쏟아져나오는 것을 보았습니다. 투매자들이 공포에 사로잡혀 있다는 것 말고는 다른 이유가 없습니다."

그러나 기사가 나간 당일에도 협박전화는 걸려왔다.

"리버모어, 이 비열한 사기꾼! 난 네가 얼마나 영리한 놈인지 알고 있어. 매수 쪽에 가담한 것처럼 말하면서 실제로는 가격을 계속 끌어내리고 있잖아. 개새끼, 다시는 편안히 잠들 수 없을 거다. 내가 지금 너한테 가고 있거든. 나는 잃을 게 더이상 없어. 네놈과 그 썩어빠진 친구놈들 덕분에 주식판에서 모든 걸 날렸지. 네놈은 나처럼 하잘것없는 인생쯤은 안중에도 없겠지만, 그 비열하고 불법적인 작전은 나와 내 가족을 완전히 파멸시켰어. 너는 이제 죽은 목숨이야. 내 가족이 고통을 당하고 있으니 이젠 네 가족이 대가를 치를 차례다. 오늘 난 집을 날렸어. 어이, 리버모어 선생, 어떻게 생각해? 난 지난 23년 동안 대출금을 갚아가며 그 집 하나 달랑 지키고 살았어. 그런데 바로 오늘 집에서 쫓겨난 거야. 마누라와 자식새끼 넷이 다함께 노숙자가 된 거지. 네놈이 그렇게 만들었어. 반드시 복수하겠다!"

협박은 전화와 편지, 심지어 인편으로 전달되는 전보를 통해서도 끊임없이 쏟아져들어왔다. 시달릴 만큼 시달린 제시 리버모어는 전직 경찰이자 오랜 친구인 프랭크 고어먼을 고용했다. 고어먼과 리버모어는 오랜 친구로 지내온 사이였다. 리버모어는 과거에도 험악한 상황에 직면할 때마다 예닐곱 차례 그를 고용했었다. '보스턴 빌리'라는 별명으로 악명높은 모내건이 리버모어의 집에 침입해 강도짓을 벌이다 체포된 후 복수를 다짐했을 때도 프랭크는 그의 가족을 지켜주었다.

리버모어의 부탁을 받자 프랭크는 즉시 킹스포인트 저택으로 달려왔다. 그는 아이들을 매일 학교에 데려다주었고, 아내 도로시의 그림자가 되어주었다. 덕분에 리버모어는 매일 사무실로 출근하고, 시세를 지켜보고, 사회활동을 계속하며 일상생활을 지속할 수 있었다.

"현재 벌어지고 있는 일들에 대해서라면 시장은 이미 다 알고 있다."

4

오욕의 패배와 불굴의 재기

성공과 실패의 기억은 모두 사람을 망칠 수 있다

제시 리버모어는 이제 자신의 모든 욕망을 만족시킬 수 있을 만큼 부자가 되어 있었다. 그리고 그는 아름다운 여성들을 좋아했다. 앞서나가길 좋아하는 신문들은 '다이아몬드 짐'이라 불리던 짐 브래디의 여자친구 릴리안 러셀과 그가 사랑에 빠졌다고 보도했다. 러셀은 '미국의 연인(American Beauty)'으로 알려진 유명한 여성이었다. 고전적인 외모의 그녀는 1861년에 아이오와의 클린턴에서 태어났고, 본명은 헬렌 루이스 레오너드였다.

러셀은 남북전쟁이 끝나자 가족과 함께 뉴욕으로 이주했다. 그녀의 노래 레슨을 지켜본 토니 패스터는 자신의 카지노에 그녀를 출연시키기로 결정하고 전격적으로 계약을 체결했다. 그녀는 맥컬 오페라컴퍼니 소속으로 웨버앤필즈 뮤직홀에서 공연을 했지만 나중에 자신의 회사를 차리게 된다. 그녀는 20세기 전후의 뉴욕에서 평판이 자자한 미인이었다. 보석을 유난히 좋아했으며, 사교적이고 화려함을 사랑했다.

리버모어는 1907년 대폭락의 해에 100만 달러를 벌어들인 직후부터 러셀과 만나기 시작한 것으로 알려졌다. 그는 뉴욕 도처에서 그녀와 함께 식사를 하고 술을 마셨으며 결국은 다이아몬드 짐으로부터 그녀를 완전히 빼앗은 것으로 소문이 났다. 리버모어가 요트를 타고 그녀와 함께 팜비치로 내려가자 그러한 소문은 비로소 정설로 굳어졌다.

그러나 당시 러셀과 사랑을 속삭이고 있었던 사람은 사실 리버모어가 아니라 그의 친구이자 유부남이었던 알렉산더 무어였다. 훗날 스페인 대사까지 역임한 무어는 리버모어의 평생 친구로 남았다. 부와 특권을 안고 태어난 무어는 자수성가의 전형인 리버모어를 동경하고 존경해 마지 않았다.

〈폴리스가제트〉에 실린 자신의 염문기사를 읽으며 리버모어는 웃지 않을 수 없었다. 그 기사는 뉴욕에서 가장 유명한 커플의 파경을 조장한 인물로 자신을 지목하고 있었다. 하지만 그는 이 정도의 귀여운 스캔들 정도라면 얼마든지 즐길 수 있다고 여겼다. 그와 무어 그리고 러셀만이 진실을 알고 있었고, 그걸로 충분했다.

리버모어는 이미 모든 걸 가지고 있었다. 그는 아직 젊은 30대였으며, 월스트리트의 살아 있는 전설이었다. J.P. 모건도 그에게 솜씨를 참아줄 것을 요청할 정도였다. 한 번도 정식으로 고등교육을 받은 적 없고 아무런 배경도, 인맥도 없던 외로운 투기꾼에게는 현기증이 날 정도로 흥분되는 나날이었다.

그는 팜비치에 있는 브레이커스 호텔에서 '미국의 연인' 러셀과 교양있는 친구 무어와 함께 자주 어울렸다. 그의 은행계좌에는 300만 달러가 있었다. 인생은 아름다웠다. 문제될 것은 아무것도 없었다.

'면화의 제왕'을 만나다

브래들리의 비치클럽에 도착하자 러셀과 무어는 곧바로 룰렛테이블로 향했고, 리버모어는 주사위테이블에 앉았다. 그리고 잠시 후 리버모어는 바에서 음료를 마시고 있던 브래들리 일행과 합류했다. 그자리에서 리버모어는 '코튼킹(Cotton King)' 즉, '면화의 제왕'이라 불리던 퍼시 토마스를 만났다.

토마스는 부드러운 성품에 교양있고 박학다식했으며 사람을 끄는 흡인력을 지닌 사람이었다. 그는 어떠한 주제를 가지고도 즐거운 대화를 이끌어낼 줄 아는 천부적인 재능의 소유자였다. 처음에 그들은 음악에 관해 대화를 나눴다. 리버모어는 고전음악과 가벼운 오페라를 좋아했다. 그가 러셀을 좋아하게 된 것도 바로 음악 때문이었다. 실제로 리버모어와 무어는 러셀의 공연을 자주 보러 다녔다.

리버모어와 토마스는 해변가의 브레이커스 바로 옮겨서도 많은 대화를 나누었고, 나중에는 무도회장에서 오케스트라의 연주를 함께 듣기도 했다. 마침내 두 사람의 승부사는 떼려야 뗄 수 없는 친구 사이가 되었다. 코튼킹과 몰빵소년, 그리고 러셀과 무어까지 가세한 일행이 가는 곳마다 부드러운 열대의 산들바람처럼 감탄의 소곤거림이 피어오르곤 했다.

토마스는 틈날 때마다 심혈을 기울여 리버모어에게 면화에 관한 특강을 해주었다. 세계적인 면화의 수요, 미국 면화의 역사, 그리고 멈출 줄 모르는 미국의 면화수요를 충족시키기 위해 어디에서 면화가 실려오는지 등등이었다. 새로 경작이 시작된 이집트산 면화가 과연 다뤄볼 만한 것인지, 그리고 그 물량이 세계 면화무역에 어떤 영향을 미칠지에 대해서도 알려주었다. 면화시장에 가장 정통하고 가장 영리한 전문가가 베풀어주는 철저하고 완벽한 심화교육이었다.

리버모어는 사소한 정보 하나도 놓치지 않고 면화에 관한 모든 이야기를 경청했다. 하지만 리버모어는 박식한 선생의 이야기에 항상 '동의' 하지는 않았다. 그 둘은 주제에 접근하는 방식에서 현저히 달랐다. 리버모어는 오로지 시장의 행동, 시장에서 벌어지는 현상에만 관심이 있을 뿐 면화산업의 기원이나 토대 따위에는 관심이 없었다. 그는 '어째서' 시장에서 그런 일이 벌어지는지에 대해서는 관심이 없었다. 단지 시장이 열렸을 때 무슨 일이 벌어지는지만 알고 싶어했다.

리버모어는 현재 시점의 정보에 따라 시장이 작동하는 것은 아니라고 믿었다.

"현재 벌어지고 있는 일들에 대해서라면 시장은 이미 다 알고 있다. 시장의 미래는 전문가들도 알 수 없는 미지의 요인들에 의해 작동된다. 시장은 미래를 끌어와 현재에 뒤섞는 버릇이 있다. 시장은 결코 보편적인 요인에 영향을 받은 이성적 토대 위에서 작동하지 않는다. 시장은 대개 감정적인 토대 위에서 작동한다. 추론 따위는 무용지물이다."

리버모어의 생각은 단순했다. 코튼킹은 파산했다. 그렇게 많이 알고 있으면서 왜 파산했을까? 물론 자신도 파산한 적이 있다. 차이점은, 자신은 모든 것을 알고 있다고 생각하지는 않는다는 점이었다. 시장은 인간의 바람대로 행동하는 것이 아니라 항상 자기논리에 따라 행동한다. 또한 시장은 절대로 자상한 설명을 해주지 않는다. 그럼에도 리버모어는 항상 배우려는 자세로 시장의 인색한 강의를 경청해왔다.

리버모어는 늘 비밀리에, 침묵 속에서, 혼자 행동해왔다. 그리고 많은 수업료를 치른 후에 자신만의 매매기법을 개발해냈다. 그러나 공포와 기대감이라는 짜릿한 길항 사이에서 피어나는 뜨거운 욕망을 완전히 통제하거나 철저히 무시할 수 있는 사람은 없다. 뚜렷한 입장 차이에도 불구하고, 리버모어는 오래지 않아 코튼킹의 마력에 푹 빠지게 되었다. 토마스는 늘 리버모어의 의견에 진심으로 동의했고, 리버모어가 좋아하는 주제에 대해 열정적으로 발언했다. 사실은 재기에 필요한 자금을 대주겠다는 제안을 코튼킹이 거절했을 때, 이미 그는 코튼킹의 정직과 성실성을 완전히 신뢰하게 되었던 것이다.

면화시장과 관련하여 그가 알려준 사실들은 반박의 여지가 없을 정도로 논리적인 것들이었다. 반면에 리버모어에게 직관 말고는 그의 논리를 반박할 수 있는 반대논리가 거의 없었다. 리버모어는 16년간 자신의 영역에서 묵묵히 일해온 투기꾼이었다. 철강이나 석탄, 옥수수, 귀리, 밀, 면화에 대해 그는 잘 알지 못했다. 다만 시장이란 것이 어떻게 행동하고 반응하는지만 알고 있었다.

토마스가 주장한 것들 중에는 리버모어가 알고 있던 시장의 작동방식에 반하는 것들도 있었다. 하지만 몇 가지 사실을 체크해본 결과 코튼킹의 예측이 대체로 맞아떨어진다는 사실을 알게 되었다. 마침내 리버모어는 흔들리기 시작했다.

'나만의 방식이 놓치고 있는 뭔가가 있는 게 아닐까? 시장의 움

직임을 분석하는 데 더 적합한 방법이 있는 건 아닐까?'

토마스에게는 자신만의 특별한 정보수집 방법이 있었다. 그는 면화의 작황을 보고하는 수천 명의 정보원을 남부지역에 거느리고 있었다. 이런 사례들이 시사하는 바는 명백하다. 수급상황에 대한 예측과 함께 이러한 비밀정보들에 기초하면 향후 시장에서 어느 쪽으로 거래해야 할지가 한층 분명해지는 것이다. 누군가에게 확신을 심어주려면 보편적인 상식이나 대전제를 먼저 받아들이게 하면 된다. 듣는 입장에서는 그러한 상식과 대전제가 인도하는 거부할 수 없는 결론에 동의하는 수밖에 다른 도리가 없다. 모든 유능한 변호사, 철학자, 영업사원 그리고 거짓말쟁이들이 이러한 전술을 사용한다. 일단 토마스가 풀어놓은 극비 노하우의 진실성을 받아들이게 되자 리버모어도 토마스의 결론을 믿을 수밖에 없었다.

처음 토마스를 만났을 때 리버모어는 면화시장의 약세를 예상하고 약간의 공매도포지션을 취하고 있었다. 그러나 한 달간에 걸친 토마스와의 대화 끝에 그는 시황관을 바꾸기에 이른다. 물론 예전에도 연역적인 추론을 한 후 포지션을 스스로 바꾼 경우는 종종 있었다.

"시장이 올라갈 것으로 예상하고 주식을 매수하기로 한 내 생각이 틀렸다면 주저없이 공매도로 돌아서야 한다. 주가는 오르지 않으면 내린다. 이 진리는 역사가 내게 가르쳐준 것이다."

입장을 바꾼 그는 '몰빵'으로 돌아섰다. 소규모의 공매도를 청산하고 반대로 6만 포의 매수포지션을 구축한 것이다. 그는 어떤 '정보'도 취하지 않는다는 자신의 원칙을 깨뜨리고 말았다. 이후로도 그는 같은 실수를 몇 번 더 반복하게 된다.

불행하게도 면화는 그의 예상과 반대로 움직였다. 팔아치워야 할 때였지만 여기서 그는 다시 한 번 원칙을 어기고 평균매수가를 낮추기 위해 추가매수를 단행했다. '물타기'를 한 것이다. 그나마 다행으로 대량 보유하고 있던 밀 포지션에서는 이익이 나고 있었다. 이처럼 믿는 구석이 있었던 그는 포지션이 15만 포에 이를 때까지 계속해서 면화를 매입했다.

원칙을 깨면 모든 것이 깨진다

무리를 하는 사이 신용거래의 규모가 너무 커지자 그는 이익을 보고 있던 밀 포지션을 청산해 손실을 보고 있던 면화 포지션을 부양했다. '패자를 팔고 승자를 보유하라.' 그도 물론 이러한 원칙을 잘 알고 있었지만 그대로 행동하지 않았다. 그가 밀 포지션을 팔아치우자마자 밀은 20센트나 더 올랐다. 잠재적인 수익 800만 달러가 그렇게 날아가버렸다. 이 사건은 그의 판단력을 더욱 흐리게 했다. 판단력이 무너지자 자신감도 무너졌다. 분별없는 행동이 거듭 늘어갔다.

그는 면화를 매수할 때마다 이번이 바닥일 것이라 생각했지만 결과는 그렇지 않았다. 만기일이 되었을 때 그의 계좌에는 44만 포의 면화가 쌓여 있었다. 그는 자기가 얼마나 바보였는지를 뒤늦게 깨닫고 포지션을 청산했다. 이번 거래의 손실규모는 270만 달러였다. 300만 달러가 쌓여 있던 그의 금고엔 이제 겨우 30만 달러만 남게 되었다.

그는 코튼킹의 논리에 빠졌고, 그 대가를 치렀다. 사람을 끌어당기는 코튼킹의 마력이 너무 강한 나머지 리버모어는 정신적으로 압도당했다. 결과적으로 토마스는 제시 리버모어의 파산에 촉매역할을 했다. 그래도 리버모어는 토마스에게 어떤 원한도 품지 않았다. 토마스가 리버모어의 거래로 개인적인 이득을 취하지 않았다는 사실도 잘 알고 있었다.

시간이 흐른 후에도 리버모어는 코튼킹으로부터 받은 정보가 정말 훌륭하고 빈틈없는 정보라고 생각했다. 그가 준 정보는 너무도 논리정연했고 설득력이 있었다. 그러한 정보를 준다고 해서 코튼킹 자신이 얻을 이익은 하나도 없었다. 그 '진실한 의도'는 또다른 유혹이었다. 그런데 그 진실되고 빈틈없는 정보의 가격은 무려 300만 달러에 달했다.

채 1년도 되지 않아 리버모어는 '백만장자'라는 타이틀을 내놓았다. 그토록 애지중지하던 요트 '아니타 베네치안' 과 아름다운 가구가 딸린 리버사이드의 아파트도 매각해야 했다. 그가 춘절 면화시장에서 쫄딱 망했다는 소식은 순식간에 월스트리트에 퍼져나갔다. 한때의 큰 성공으로 추앙받다가 이내 파멸하고 마는 월스트리트의 여느 부나방들처럼 리버모어도 그렇게 사라지고 마는 것일까?

월스트리트를 주시하던 사람들은 몰빵소년의 파산에 큰 충격을 받았다. 저 위대한 선수한테 도대체 무슨 일이 있었던 것일까? 리버모어가 전처럼 포지션을 구축하려면 돈이 필요했다. 사정이 급했다. 손실을 만회하겠다는 조바심으로 그는 원칙 하나를 또 무시했고, 다시 한 번 실수를 범하게 된다. 불합리하게도 그는 시장이 자신의 손실을 보상해주길 바랐다. 복수심으로 다시 시장에 뛰어든 것이다. 하지만 그는 정신적으로도 이미 파산상태였다.

그는 다시 올인했고, 급기야 마지막 남은 자본마저 모두 날려버리고 말았다. 돈과 신용을 내주며 자신을 밀어준 사람들에게 리버모어는 큰 부채를 지게 되었다. 수 개월이 흐른 후 정산을 해보니 브로커와 채권자들에게 갚아야 할 부채는 100만 달러가 넘었다. 자신의 밑천 300만 달러에 더해 갚아야 할 100만 달러까지 한꺼번에 날려버린 셈이었다.

완전히 망가지고 낙담한 리버모어는 플랫폼에 서서 시카고행 기차를 기다리고 있었다. 그는 또다시 밑바닥으로 떨어졌다. 시카고로 가서 주식방을 찾아보거나 곡물거래소에서 돈되는 일이 있는지 알아볼 작정이었다. 그는 혼란스러웠고 스스로가 혐오스러웠다. 그의 유일한 확신은 뉴욕을 빠져나와야 한다는 것이었다.

시카고에서도 리버모어의 영혼은 쉽게 치유되지 않았다. 그는 깊은 우울증에 빠졌다. 자신의 매매장부를 분석해보려 했지만 오히려 점점 더 미궁에 빠져드는 기분이었다. 면화시장에서의 대실패 이후 기록된 거래장부는 너무도 불규칙하여 마치 남의 거래장부를 보는 듯했다. 그것은 무모한 도박꾼의 기록에 불과했다. 철부지 어린 시절에도 이렇게까지 굴진 않았었다.

그렇게 낙담의 시간이 몇 개월 흐른 뒤 리버모어는 마침내 용기를 내서 자신의 실수를 분석하기 시작했다. 그리고 자신이 일생동안 부정해왔던 감정과 느낌, 즉 자신의 '인간적인 부분'과 맞닥뜨려야 했다. 그는 시장의 기술적인 측면을 알고 있었지만 자신의 감정에 대해서는 무지했다. 어째서 어렵게 배운 시장원칙과 매매이론, 그리고 자신만의 원칙을 헌신짝처럼 내던졌을까? 도대체 왜 그랬을까?

위대한 J.P. 모건이 리버모어에게 선처를 호소하던 바로 그날부터 그는 교만해졌다. 하루에 100만 달러를 벌어들였던 그날의 대박은 결과적으로 그의 근본까지 흔들어놓았다. 리버모어는 '실패'가 아니라 '성공'에 익숙하지 못했던 것이다. 그는 지금껏 실패와 싸우며 살아왔다. 그런데 사실은 성공도 실패만큼이나 다루기 어려운 녀석이었다. 성공과 실패는 공히 사람을 망칠 수 있었다.

수수료와 부를 만들어낼 수 있는 그의 능력을 높이 산 친절한 브로커 하나가 그에게 약간의 돈을 융통해주었다. 덕분에 그는 시카고에서 거래를 재개할 수 있었다. 하지만 그의 시련은 아직 끝난 것이 아니었다.

월가의 꼭두각시로 전락하다

시카고에 도착한 지 석달쯤 지났을 무렵, 리버모어는 뉴욕으로 돌아오라는 전보를 받았다. 발신자는 그의 친구이자 뉴욕의 한 대형 증권사의 지점장 프레드였다. 리버모어는 알 수 없는 기대를 안고 즉시 뉴욕으로 돌아왔다. 그리고 그의 인생에서 가장 믿을 수 없는, 또한 평생을 두고 후회하게 될 일련의 사건을 경험하게 된다.

뉴욕의 증권사 사무실에 도착하자 프레드는 그를 즉시 사장에게 데려갔다. 사장은 찰스라는 사람이었는데, 그 바닥에선 제법 유명하고 잘나가는 사람이었다. 대충 소개가 끝나고 프레드가 자리를 비우자 사장은 곧바로 본론으로 들어갔다.

"리버모어 씨가 면화시장에서 받은 타격에 대해 들었습니다. 안타까운 일입니다. 코튼킹의 말을 들었다가 실패한 거라면서요. 퍼시 토마스는 말을 참 잘해요. 에스키모에게 얼음도 팔 수 있는 사람입니다. 그의 말은 정말 정말 설득력이 있지요. 때로는 자기 자신도 주체하지 못하는 것 같아요. 정치를 했다면 아마도 거물이 되었을 겁니다. 코튼킹을 따라갔다가 인생을 망친 사람이 리버모어 씨가 처음도 아니고 유일한 사람도 아닙니다. 나는 당신의 거래기록을 잘 알고 있어요. 1907년 공황 때 J.P. 모건의 메시지를 받고 당신이 어떤 일을 해주었는지도 잘 알아요. 월스트리트 사람들 전부가 알지요. 음… 간단히 말씀드리면, 저는 당신을 돕고 싶습니다."

사장은 주머니에서 수표책을 꺼내 '25,000'이라고 적은 후에 리버모어에게 내밀었다.

"이걸 받으세요. 다시 시작해보시죠."

"이게 무슨 의미입니까?"

"별다른 의미는 없습니다. 이 돈을 밑천으로 재기해보세요. 단, 다른 데서는 말고 여기에서만, 저하고만 거래해주셨으면 합니다."

"만약 내가 잃으면 어떻게 되는 겁니까?"

"돈을 더 빌려드리겠습니다. 당신은 틀림없이 이길 겁니다. 그리고 저는 당신이 이길 때까지 계속 지원해드릴 겁니다."

리버모어는 여전히 이해할 수 없었다. 그가 섣불리 돈을 받지 못하고 머뭇거리자 사장이 말을 이었다.

"자, 선생이 이해 못하시는 것도 당연합니다. 무슨 꿍꿍이냐는 거겠죠? 아닙니다. 선생은 과묵하고 조용한 성격의 트레이더입니다.

그래서 아무도 선생의 투자규모나 배후를 모를 겁니다."

"나하고 수익을 나누자는 뜻인가요?"

"아닙니다, 리버모어 씨. 제가 원하는 바를 정확하게 말씀드리죠. 저희 업체의 비즈니스를 지탱해주는 몇 사람의 큰손들이 있습니다. 저는 그분들의 거래를 다른 사람들이 알아채지 못했으면 좋겠습니다. 만약 당신이 저희 회사에서 거래하신다면 사람들은 도대체 누가 거래를 하는지 모르겠죠. 선생은 약세장에서 대량의 공매도로 이름이 나신 분 아닙니까."

"그러니까 이 회사에서 발생하는 대형거래의 들러리가 되어달라는 말씀인가요?"

"간단히 말하자면… 바로 그겁니다."

"그 틈에 들키지 않고 귀사의 고객들이 시장에 대량으로 물량을 쏟아낼 수 있겠군요."

"그렇습니다. 하지만 선생이 하는 일에 방해는 되지 않을 겁니다. 전적으로 합법적이기도 하구요. 사람들이야 마음대로 생각하게 합시다."

그 무렵 리버모어는 지푸라기라도 잡고 싶은 심정이었다. 그는 결국 수표를 받았다. 그는 거래를 다시 시작했고, 그럭저럭 잘해나갔다. 시장이 매우 강세였기 때문에 불과 3주 만에 2만5,000은 15만으로 불어났다. 리버모어는 돈을 갚기 위해 증권사 사장인 찰스를 다시 찾아갔다. 그러나 찰스는 그가 내미는 돈을 사양했다.

"계좌에 정말로 큰돈이 쌓일 때까지 그냥 넣어두시지요, 리버모어 씨. 진짜 큰돈을 벌면 그때 갚으세요."

사장의 말에도 일리는 있었다. 증권사는 벌써 리버모어 덕분에 수수료를 짭짤하게 벌어들이고 있었기 때문이다. 어쨌든 리버모어는 밑천을 헐 필요 없이 그렇게 몇 주일을 더 거래할 수 있었다.

그는 찰스가 마음에 들었다. 아무도 자신을 도와주려 하지 않을 때 도움의 손길을 내민 은인이었기 때문이다. 충성심이랄까, 그는 왠지 도덕적으로 그에게 빚을 지고 있는 느낌이었다. 더욱 중요한 건 우울증이 사라지고 투지가 되살아나고 있다는 점이었다.

그러던 어느날 리버모어는 시장이 약세장으로 접어들고 있다는 판단을 하고 체서피크와 애틀랜틱철도 1만 주를 공매도했다. 다음날 찰스가 그를 자신의 사무실로 불렀다.

"제이엘, 당신이 낸 1만 주 공매도 주문을 취소시켰습니다. 대신 매수주문을 냈어요."

사장의 말에 리버모어는 깜짝 놀라 항의했다.

"하지만 제 생각엔 분명 약세장으로 들어가고 있는 것 같습니다."

"아, 그렇지 않아요. 그 회사의 회장이 바로 제 매형입니다. 제가 특히 사랑하는 우리 누님과 결혼한 사람이지요. 당신에게 말해줄 수 없는 내용을 알고 있습니다. 올라갈 거예요."

하지만 애틀랜틱 주식은 리버모어의 예상대로 떨어졌다. 그가 벌었어야 할 돈도 당연히 날아갔다. 그러자 찰스가 이렇게 위로했다.

"걱정 마세요, 제이엘. 다시 벌도록 제가 도와드리지요. 시간이 좀 걸리겠지만 반드시 회복할 수 있을 겁니다."

그리곤 잠시 자리를 비웠다가 웬 전표뭉치를 들고 다시 돌아왔다.

"서던애틀랜틱 10만 주를 사서 당신 계좌에 넣어두었습니다."

다시 어리둥절해진 리버모어가 물었다.

"설마 거기도 당신 매형이 경영하는 회사는 아니겠지요?"

"제 매형이 경영하는 회사 맞습니다. 성장성이 좋아요."

그러나 서던애틀랜틱도 떨어지기 시작했다. 며칠 후 리버모어는 다시 손절매를 할 수밖에 없었다. 이번에도 찰스는 이렇게 말했다.

"걱정 마세요, 제이엘. 곧 모든 게 잘 풀릴 겁니다."

그제서야 리버모어는 무슨 일이 벌어지고 있는지 짐작할 수 있었다. 은인이자 증권사의 사장인 찰스는 사랑하는 누이를 위해서 매형의 자산을 조용히 처분하고 있었던 것이다. 그의 매형은 미국에서 가장 부유한 사람 중의 하나였다. 그리고 그의 매형이 불치병을 앓고 있다는 사실도, 이미 몇 년이나 앓아서 이젠 거의 죽을 때가 다 되었다는 사실도 누구나 알고 있었다.

애초에 시카고에 있던 리버모어에게 전보를 친 건 지점장 프레드였다. 답답해진 리버모어는 프레드를 불러 자신이 처한 상황을 상의

해보기로 했다.

"아무래도 이용을 당한 것 같아. 찰스가 자기 매형의 재산을 처분하기 위해 나를 들러리로 내세운 모양이야. 어마어마한 재산이 처분되는 동안 아무도 무슨 일이 벌어지는지 알지도 못했고 의심도 안 했어. 결국 별다른 손실 없이 철도주를 포함해서 여러 주식을 처분한 거라구."

프레드는 그의 얘기를 다 듣더니 고개를 끄덕였다.

"맞아, 사실일 거야. 그 재산들이 전부 현금화되었으니 이젠 나도 모든 걸 말해줄 수 있겠군."

리버모어의 짐작은 크게 틀리지 않은 듯했다.

"그러니까 내가 받은 돈과 내 계좌를 통해 손실을 본 돈은 그 사이에 현금화된 돈에 비하면 푼돈이라는 얘기지?"

프레드가 고개를 끄덕였다.

"내 추측이 맞았군. 뒷구멍에서 진짜로 무슨 일이 벌어지고 있는지 월스트리트 사람들이 알 수 없도록 나를 꼭두각시로 내세운 거야."

"제이엘, 그건 빙산의 일각일세."

"빙산의 일각이라니! 뭔가 또다른 꿍꿍이가 있었나?"

"사장은 조만간 시장이 약세로 접어들 것이라는 점도 알고 있었어. 그리고 사장은 자네가 대단한 트레이더라는 걸 알고 있었지. 여기서 3주 동안 자네가 거래하는 걸 지켜본 후에야 비로소 자네 계좌로 대신 거래하기 시작한 거지. 맞아, 진짜로 무슨 일이 벌어지는지 아무도 모르도록 자네를 이용해 연막을 친 거야. 그건 사실이야. 하지만 진짜 이유는, 재산을 처분하는 동안 자네를 여기에 묶어두려 했던 걸세."

"무슨 소린지 잘 이해가 안 가는군."

"들어봐, 제이엘. 자네가 만약 진짜로 재기하게 된다면, 조만간 그렇게 되겠지만, 적어도 20~30만 주쯤은 우습게 휘두를 거 아냐. 찰스의 매형 재산인 철도주들이 시장에 대량으로 흘러나오고 있다는 걸 자네가 눈치챘다면 아마도 틀림없이 공매도 수법으로 후려치겠지. 찰스는 그걸 예방하고 싶었던 거야."

프레드의 설명이 끝난 후에도 리버모어는 여전히 석연치 않았다. 얼마 전까지만 해도 그는 자신감도, 의욕도 잃은 상태였다. 시장을 보는 안목도 망가졌고 밑천도 없었다. 자신을 새장에 가둬둔 채 역사상 최대규모의 주식처분을 시도했다는 것 자체가 넌센스처럼 여겨졌다. 어쨌든 그 일이 끝난 후 찰스 누이의 재산은 2억5,000만 달러가 되어 있었다.

그는 다시 한 번 흔들렸다. 그는 '나만의 계좌를 위해 나 혼자 일한다' 라는 또 하나의 규칙을 어김으로써 꼭두각시로 놀아나고 만 것이다. 프레드로부터 모든 자초지종을 듣고 난 리버모어는 그날밤 당장 책상을 정리했다.

치욕의 파산선고

1910년, 리버모어는 매우 적은 자본을 가지고 뉴욕으로 돌아왔다. 오랫동안 지속되던 강세장은 힘이 빠져버렸고, 월스트리트에는 무심한 냉기가 흐르고 있었다. 시장은 횡보세를 보이며 질질 흘러다니는 양상을 띠면서 움직임이 둔해졌다. 예측이 쉽지 않은 국면이었다.

이후 4년 동안 리버모어는 증권사를 자주 옮겨다녔다. 많은 증권사에서 신용을 얻어 쓸 수 있었지만 매매결과는 나빴다. 리버모어는 여전히 분노에 사로잡혀 있었다. 명징한 마음가짐으로 거래에 임하지 못했고, 시시때때로 찾아오는 우울증에 시달려야 했다. 많은 부채를 짊어진 사람으로서 중압감도 느끼고 있었다. 그는 뼛속까지 뉴잉글랜드 사람이었다. 그는 소년시절부터 '빌리지도 말고 빌려주지도 말라'는 가르침을 듣고 자랐다. 그는 빚지는 걸 병적으로 싫어했다. 하지만 그는 월스트리트에서 매일 마주쳐야 하는 친구들에게 많은 빚을 지고 있었다. 우울증이 깊어감에 따라 그는 문득문득 자살을 생각하기에 이르렀다.

모든 것을 포기하고 끝내든지, 아니면 어떻게든 문제점을 찾아내

극복해야만 했다. 무엇보다 당면한 가장 큰 문제점은 돈이 없다는 사실이었다.

그는 어머니가 쥐어준 몇 달러로 수백만 달러를 벌어들였다. 그런데 왜 그런 신화가 재연되지 않는가? 찰스는 분명 리버모어가 재기할 수 있다고 생각했다. 바로 그런 생각 때문에 매형의 자산을 처분하는 동안 그를 가두어놓았던 것이다. 하지만 현재의 리버모어는 과거의 영민한 투기꾼이 아니었다. 그의 정신은 원활히 작동하지 않고 있었고, 부채와 실패의 어두운 기억이 살아 있는 한 앞으로도 적절하게 작동할 수 없었다.

시장의 잘못은 아니었다. 시장이 무슨 짓을 하고 있어도 그는 항상 돈을 벌 수 있는 상황을 찾아내곤 했다. 결코 정지하지 않는 것이 시장의 본질이다. 언제나 기회는 있는 법이다. 그렇다면 진짜 문제는 무엇일까? 어째서 자꾸 잘못된 판단을 내리는 걸까? 그는 우울했다. 양 어깨에서 가혹한 빚의 무게를 떨쳐버리지 않는 한, 어쩌면 다시는 성공적으로 거래할 수 없을지도 몰랐다.

그는 파산선고를 하기로 결정했다. 부채에서 비롯된 온갖 어두운 상념을 뇌리에서 떨쳐버려야 했다. 마음을 비우고 예전의 비즈니스로 돌아가야만 했다. 새출발이 필요했다. 개인파산신고를 하기 위해 변호사를 찾기 전에 그는 모든 채권자들을 일일이 찾아갔다. 그리고 반드시 돈을 갚겠다고 모두에게 약속했다. 다행히 그들은 한결같이 미소를 지으며 악수를 청했다.

"당신이 꼭 갚으리란 걸 알고 있습니다, 제이엘."

찰스처럼 그들 역시 리버모어보다 더 리버모어를 믿고 있었다.

"당신이 재기하리라는 걸 믿어 의심치 않습니다. 월스트리트에서 무너진 사람이 당신이 처음도 아니고 마지막도 아닙니다. 자신을 추스르세요. 우리 회사에서 다시 거래를 하실 때까지 기꺼이 기다리겠습니다."

"빚진 돈은 1센트까지 다 갚겠습니다."

"말씀하지 않아도 너무 잘 알고 있습니다."

"예, 반드시 그럴 겁니다."

"아, 그런데 조건이 하나 있습니다."

마치 약속이나 한 것처럼 그들은 마지막에 같은 말을 했다.

"파산 채권자 목록에 우리는 넣지 말아주셨으면 합니다. 우리 둘 사이에 있었던 일을 굳이 공표할 필요는 없지 않겠습니까?"

몇몇 증권사들을 제외한 대부분의 채권자들은 파산법정에서 권리선언을 하지 않겠다고 약속했다. 그럼에도 불구하고 채권자들을 순방하는 일은 리버모어에게 끔찍한 경험이었다.

유럽에서 세계대전이 막 발발한 1914년이었다. 뉴욕의 주식시장은 그해 7월 31일에서 12월 15일까지 폐장했다. 파산한 리버모어는 브로드웨이와 86번가에 위치한 이류 호텔 브레튼홀에서 살게 되었다. 그는 변호사를 찾아갔고, 개인파산신고를 했다. 수치심 때문에 그는 숙소에서 가만히 숨을 죽이고 있었다.

5

다시 승부의 세계로

자신을 테스트할 수 있는 유일한 방법은 실전을 통해 시세로 검증받는 것이다

16살 때부터 투기꾼으로 활약해왔던 리버모어는 이제 38살이었다. 리버모어에게 있어 자신을 테스트할 수 있는 유일한 방법은 직접 거래를 해서 시세를 통해 검증받는 길뿐이었다. 그런데 그 기회가 점점 사라지고 있었다.

리버모어는 마지막으로 숨을 한 번 깊게 들이쉬고 찰스의 사무실로 찾아갔다.

"좋습니다, 제이엘. 5백 주를 살 수 있는 신용을 드리죠. 오늘 승인해서 계좌에 넣어두도록 하겠습니다. 아시겠지만, 당신 계좌는 아직 살려두었습니다."

악수를 나눈 다음 리버모어는 사무실을 빠져나왔다. 리버모어 같은 거물에겐 적은 감이 있었지만, 주식의 가격엔 아무런 제한조건이 없었다. 150달러짜리 주식을 만진다면 7만5000달러까지 포지션을 구축할 수 있는 신용이었다. 그리고 이건 시작에 불과했다.

이제 무엇을 할 것인지 결정해야 했다. 밑천은 정해졌다. 손실은 용납할 수 없었다. 그는 기존의 매매원칙을 고수하기로 마음먹었지만 이제 척후병을 보내고 말고 할 여유는 없었다. 마지막 기회였기에 실수는 곧 끝장이었다. 첫 거래에서부터 이익을 봐야만 하는 것이다. 그렇다고 해서 부담감 때문에 나쁜 결정을 내려서도 안 될 일이었다.

사실 그는 전쟁특수로 달아오른 장에서 제대로된 승부를 해보고 싶은 마음이 간절했다. 하지만 오히려 그 때문에 그는 객장을 찾지 않았다. 대신에 그는 6주라는 긴 시간 동안 파산자로서 근근히 생활하면서 주가표시기에 나오는 모든 거래기록을 면밀하게 모니터링했다. 객장을 들락거리다간 그곳의 투자열기와 강한 승부욕에 휩싸여 섣부른 주문을 내버릴 수도 있기 때문이었다.

그에게 있어 너무도 중요한 첫 거래를 위해 그는 모든 조건이 최고로 무르익기를 기다렸다. 그래서 그는 유혹의 길에서 한 발 비켜나 죽어라고 주가테이프만 관찰했다. 그는 시장의 모든 변수가 그에게 유리하게 돌아갈 때까지 기다리고 또 기다렸다.

저항이 돌파되는 시점을 기다려라

그는 시장이 강한 상승세에 있다고 결론을 내리고 상승 쪽으로 포지션을 잡아보기로 결정했다. 그는 주가가 100, 200, 300 하는 식으로 일정 단위를 뚫었을 때 긍정적인 움직임을 보이는 경향이 있다는 사실을 알고 있었다. 그는 전시(戰時)에 택할 수 있는 명백한 대안이자 모든 사람들이 주목하고 있던 베들레헴철강을 골랐다. 그 대신 주가가 100달러를 돌파하기 직전인 98달러까지 오르기를 기다렸다. 100달러를 돌파하는 순간 로켓처럼 날아오를 것이라 생각한 것이다.

그는 증권사 사무실로 달려가 98달러에 베들레헴철강 500주를 매수했다. 주가가 114달러까지 상승하자 신용으로 500주를 더 매수하여 총 1,000주의 매수포지션을 구축했다. 다음날 주가는 145달러가 되었다. 그리고 며칠 후 리버모어는 포지션을 청산하여 5만 달러가 넘는 수익을 챙겼다. 이제 10%의 증거금으로 50만 달러의 포지션을 구축할 수 있다는 의미였다. 다시 승부의 세계로 돌아온 것이다.

파산선고 후 그는 더 이상 채권자들을 염두에 둘 필요가 없었다. 이제 상당한 밑천까지 마련하자 자신감도 서서히 돌아오기 시작했다. 비로소 자신의 고유한 거래기법으로 돌아올 수 있게 된 것이다. 그때부터 리버모어는 승승장구했다. 거듭된 성공으로 그의 자산은 어느새 50만 달러로 불어 있었다.

그 해의 유일한 실패는 1915년 5월 7일에 루지태니아 호가 침몰했을 무렵에 발생했다. 모두들 미국이 전쟁에 개입할 것이라 믿었다. 민심이 어수선해지자 시장이 곤두박질쳤고 리버모어도 심각한 손실을 입었다. 그나마 포지션을 신속하게 청산하여 그는 계좌에 15만 달러를 유지한 채 1915년을 마감할 수 있었다. 주변상황을 고려할 때 나쁘지 않은 결과였다.

그는 이제 완전히 예전의 페이스로 돌아왔다. 자신만의 원칙을 지키고 있었고, 감정적인 결함을 피하기 위해 노력하고 있었다. 루지태니아 사건 후에도 많은 이들의 예상을 깨고 미국은 참전하지 않았다. 오래지 않아 시장은 회복되었다. 리버모어는 전쟁특수의 활기를 되찾은 강세장에 손을 푹 담갔다.

미국은 산업생산능력을 풀가동하고 있었다. 전쟁으로 갈기갈기 찢겨진 세계가 원하는 모든 제품들을 선적해 보내고, 그 대가로 세계로부터 금을 실어오고 있었다. 경제가 팽창하고 있었다. 1916년 내내 리버모어는 강세파 측에서 활발하게 뛰었다. 그러나 약세장과 마찬가지로 강세장도 영원히 지속되지는 못한다. 리버모어는 아느 순간부터 꼭지를 탐색하기 시작했다.

1906년과 1907년처럼 그는 주도주들을 주목했다. 주도주들이 상투를 치고 굴러내려오기 시작하면 그것이 바로 약세장의 도래를 예고하는 첫 번째 신호이기 때문이다. 시장은 어느날 갑자기 방향을 틀지 않는다. 유심히 관찰한다면 시장은 충분한 경고와 단서를 보여주는 법이다.

추세전환의 초기에는 다수와 반대로 베팅하라

리버모어는 흔히 시장의 방향성을 설명할 때 진군하고 있는 두 부대에 비유했다. 강세진영과 약세진영이 서로를 향해 치닫는 상황이라는 것이다. 어느 한 쪽의 선두부대, 즉 주도주들이 맹공을 받고 흐트러지기 시작하면 바로 그때가 방향전환의 경고등을 켜야 할 시점이다. 그들이 마침내 쓰러지고 후퇴하기 시작하면 관전자들은 재빨리 전략을 바꿔 반대방향으로 투자해야 한다. 리버모어는 1916년 강세장의 주도주들이 미묘하지만 인상적인 단서들을 보여주고 있다고 판단했다.

시장은 능숙한 '타짜'였다. 눈치 빠른 선수들이 아니라면 시장의 속임수를 간파하지 못한다. 리버모어는 정신을 바짝 차리고 조짐을 읽을 준비를 했다. 시장의 추세가 크게 방향을 트는 초기단계에서는 대다수의 의견을 거슬러가야 한다. 다수는 언제나 현존하는 시장의 거대한 모멘텀에 강한 유혹을 받고 있다. 따라서 정작 큰 흐름의 변곡점에서는 군중으로부터 떨어져나와 반대방향으로 가야 하는 것이다. 리버모어가 대박을 터뜨린 것은 항상 이런 시기였다.

그는 이미 경험으로 검증된 척후병 기법을 다시 활용했다. 자신의 예측이 맞는지 알아보기 위해 먼저 소량의 포지션을 쌓은 후에 US스틸, 볼드윈, 아메리칸캔, 제너럴모터스, 크라이슬러, 아나콘다코퍼 등 12개 종목으로 천천히 포지션을 키워나갔다. 그는 총 6만 주를 공매도했는데, 이 무렵의 그에게는 적당한 규모의 포지션이라 할 만했다. 주가가 평균 4달러 정도 떨어졌을 무렵 그는 자신이 옳다는 확신을 가지고 12만 주로 포지션을 늘렸다. 그리고 기다렸다.

이때는 미국의 윌슨 대통령이 독일과 연합군 양측에 전쟁종식을 제안했다는 사실이 스캔들로 비화된 시기였다. 시장은 평화를 암시하는 뉴스에 크게 무너졌다. 유럽의 평화는 곧 수출을 중심으로 미국이 누리고 있던 전시호황의 종식을 의미하기 때문이었다. 리버모어는 우연이나 뜻밖의 횡재가 터지면 더 이상 탐욕에 얽매이지 않고 포지션을 청산해 곧바로 수익을 실현한다는 확고한 원칙을 가지고 있었다. 그런데 1916년의 주식시장에서는 한꺼번에 청산하기에 너무 무거운 12만 주의 공매도포지션을 갖고 있었다.

1916년 12월 20일, 스캔들의 날이 밝았다. 리버모어는 팜비치에 있었다. 재산을 되찾은 후 그는 좋아하는 휴양지에서 다시 휴가를 즐길 여력이 생겼다. 그는 어슬렁거리며 핀래이배럴(Finlay, Barrel & Company) 사무실에 들렀다. 이 증권사에는 리버모어의 계좌가 없었다. 그는 주가테이프를 보면서 건성으로 신문을 읽고 있었다. 그 때 지점장이 그를 찾아왔다.

"이 전보를 좀 보십시오, 리버모어 씨."

"오늘… 윌슨 대통령이 전쟁당사국들에게 평화제안을 할 예정…"

리버모어는 지점장에게 감사의 말을 하고 곧바로 팜비치 소재 허튼 지점으로 갔다. 그곳에는 그의 계좌가 있었다. 그는 허튼의 직원들에게 윌슨 대통령의 평화제안 소식에 관해 아는 것이 있는지 물었지만 금시초문이라는 대답 일색이었다. 리버모어는 뉴욕에 있는 허튼에게도 직접 전화를 걸어보았지만 반응은 같았다. 리버모어는 일단 팜비치에 머무르면서 시장이 약세로 돌아서는 시점을 기다려 보기로 했다.

오후 1시가 조금 지나자 허튼 본사의 전보실로부터 전 지점으로 긴급전보가 타전되기 시작했다. 핀래이배럴 지점에서 리버모어가 읽었던 것과 동일한 내용이었다. 리버모어는 즉시 메이저 뉴스서비스들을 모두 체크해보았다. 하지만 윌슨 대통령이 독일에 평화제안을 한다는 뉴스는 아직 어디에도 없었다.

그럼에도 불구하고 유럽의 평화를 예고하는 루머는 이미 객장 여기저기서 돌고 있었다. 공식 뉴스가 공표되기 전에 주식을 떠넘기려는 투기꾼들 때문에 시장은 마침내 기울기 시작했다. 어느새 루머는 기정사실이 된 듯 보였고, 시장은 정말로 곤두박질치기 시작했다. 시간이 좀 지나자 뉴스는 아예 공공연해졌다. 매수세는 실종되었고, 주가는 바닥을 향해 치닫고 있었다.

리버모어의 친구인 버나드 바루치도 그 움직임에 깊숙이 동참하고 있었다. 그 또한 리버모어처럼 공매도포지션을 구축하고 있었다. 상황이 약세진영에게 유리해졌다고 판단되자 그는 한층 맹렬한 공매도로 시장을 두드려대고 있었다. 하지만 리버모어는 오히려 12만 주의 공매도포지션을 청산할 기회를 엿보고 있었고, 오후 2시부터는 주식을 매수하기 시작했다. 그리고 오후 3시에는 모든 포지션을 청산하고 손을 털었다. 한편 바루치는 이 워싱턴발 루머로 촉발된 대량 매도공세로 3백만 달러가 넘는 이익을 냈다.

시장은 결국 평균으로 돌아온다

바로 이 중대한 시점에 이상한 일이 리버모어에게 벌어졌다. 어느 날 그는 팜비치로 놀러 가는 친구들에게 개인용 열차를 빌려주기 위해 그들과 함께 중앙역사를 걷고 있었다. 짐꾼 하나가 친구들의 짐을 트롤리에 싣고 옆에서 따라가고 있었다. 그들이 기차에 도착했을 때, 친구 하나가 트롤리에서 무언가를 꺼내려고 손을 뻗었는데 그만 모자가 벗겨져 기차 밑으로 굴러가버렸다. 짐꾼이 기차 밑으로 손을 뻗어 중절모를 찾아 친구에게 돌려주는 순간, 리버모어의 시선은 우연히 뒤집힌 모자 안쪽에 고정되었다. 모자 안쪽을 둘러싼 리본에는 금색 이니셜이 새겨져 있었다. 바로 그 친구의 이름인 워렌 어거스터스 리드(Warren Augustus Reed)의 이니셜이었다. 'W.A.R.'

리버모어는 기묘한 충격을 받았다. 그것을 일종의 암시로 받아들인 것이다. 친구들을 배웅하고 난 리버모어는 곧바로 사무실로 돌아가 열심히 주식을 팔기 시작했다. 그는 이미 공매도를 하고 있었지만 그때부터는 정말 아무런 망설임이 없었다. 전쟁의 그림자가 미국을 향해 성큼성큼 다가오고 있었다.

4개월 후 미국이 연합군에 가담하면서 참전을 선언했다. 원래 미국인들은 미국이 유럽의 전쟁에 직접 개입하는 것은 반대하면서도 연합군 측에 전쟁물자를 공급하는 것은 찬성해왔다. 그러나 독일잠수함의 무차별 공격에 미국의 상선들이 거듭 희생을 당하자 분위기는 서서히 바뀌기 시작했다. 그리고 1917년 4월 6일, 마침내 미합중국은 독일에 전쟁을 선포했다.

그 무렵의 어느날 리버모어는 한껏 의기양양한 표정으로 브로드웨이 111번가에 있는 그의 새 사무실에서 나와 월스트리트의 채권자를 한 사람씩 찾아다니기 시작했다.

"제 채무의 원금과 이자를 한꺼번에 갚고 싶습니다."

리버모어의 사려깊은 제안을 모든 채권자들이 거절했다. 그들은 이자를 제외하고 원금만 적은 수표를 받아들고, 미소짓고, 악수를 하고 나서 리버모어에게 행운을 빌어주었다. 그는 이제 불혹의 나이였다. 인생에 몇 가지 변화를 주기로 한 그는 자신을 위해 50만 달러짜리 신탁기금을 설정하여 매년 3만 달러씩 지급받을 수 있도록 설계했다. 다시는 가난해질 수 없었다.

1917년의 남은 기간 동안에도 리버모어는 비교적 잘해냈지만 커피 거래에서만은 실패를 경험했다. 리버모어는 갈수록 거세지고 있는 유럽의 전쟁바람이 미국으로 한 발 한 발 다가오고 있는 상황에서 기초생필품의 가격이 상승하고 있다는 사실에 주목했다. 마침내 미국이 참전하자 생필품 가격은 300%까지 치솟았다. 가격이 상승하지 않은 유일한 상품은 커피였다.

리버모어는 커피에 주목하고 치밀한 분석에 들어갔다. 유럽시장이 폐쇄되었기 때문에 모든 커피가 미국으로 모이고 있었고, 커피의 가격은 오히려 전쟁 전보다 더 낮아졌다. 하지만 리버모어는 독일의 무시무시한 유보트가 계속해서 연합국의 상선을 침몰시킬 것이며 결국은 미국으로의 커피 유입에도 큰 차질이 생길 것이라 판단했다.

그는 1917년 겨울부터 커피를 매수하기 시작했다. 그러나 9개월 후에도 가격은 변함이 없었고, 그는 결국 큰 손실을 보고 옵션을 청산했다. 그리고 다시 시장으로 돌아가 선물을 좀더 매수하면서 탐색전을 폈다. 그는 여전히 자신이 옳다고 믿고 있었고, 아닌 게 아니라 이번에는 가격이 상승했다. 가격이 꾸준히 오르자 그는 포지션을 늘려나갔다. 그런데 그가 수백만 달러의 평가익을 중간정산하고 있을 무렵 기절초풍할 일이 벌어졌다.

커피시장에서 그와 반대편에 서 있던 사람들, 즉 공매도꾼들은 가격이 너무 올라 청산시점에 엄청난 타격을 받게끔 되어 있었다. 다급해진 그들은 시장 밖으로 뛰어나갔다. 정치의 중심지인 워싱턴으로 날아가 '미국의 커피 애용자들'에게 소비자권리를 선동하기 시작한 것이다.

그들은 전시(戰時)가격통제위원회에 출석하여 리버모어가 모든 커피를 매점했다고 주장했다. 또한 그 때문에 앞으로도 커피값은 하늘 높은 줄 모르고 계속 솟구칠 것이라 주장했다. 가격통제위원회는 즉시 제한가격을 책정하고 거래인들이 상품선물시장에서 모든 포지션을 청산해야 하는 기한을 공표했다. 그리고 커피거래소를 폐쇄했다. 리버모어는 시키는 대로 모든 포지션을 청산했다. 한 잔의 커피가 사라지듯 수백만 달러에 달하는 그의 평가익이 순식간에 사라져버렸다. 리버모어의 아픔은 고스란히 신문에도 실렸다.

"미국은 저렴한 커피를 필요로 하고, 정부도 이에 동의한다!"

이번에도 그가 전적으로 옳았지만 결국 이익은 보지 못했다. 리버모어는 거래 시 주의해야 할 사항에 '불가항력'이라는 항목을 추가했다. 이런 상황에서 그가 할 수 있는 일이라고는 들판의 늑대처럼 상처를 핥고 그냥 묵묵히 앞으로 나아가는 것뿐이었다. 예측할 수 없는 일들로부터 자신을 보호할 수는 없다. 단지 반응할 수 있을 뿐.

또 하나의 귀중한 깨달음은, 오랫동안 시장을 통제하거나 가격을 고정시킬 수 있을 정도로 강력한 존재는 세상 어디에도 없다는 진리였다. 아무리 한 방향의 극단으로 치달았다 하더라도 시장은 언제나 적절한 수준으로 회귀하게 마련이다. 어떤 주식이 매도공세를 받으면 주가는 내부자들이 보기에 너무 낮은 수준까지 떨어지게 된다. 그러면 주식의 진정한 가치를 아는 내부자들이 저평가된 주식을 알아보는 영리한 투자자들과 함께 매수에 가담한다. 이렇게 해서 주가는 다시 제자리를 찾는다. 이것이 자유경쟁시장의 논리, 즉 평균회귀의 법칙이다.

할인주를 찾아라

그해 리버모어는 저평가된 주식을 찾아내는 자신만의 비법을 터득했다. 어떤 주식이 궁극적인 하락점, 즉 '바닥' 에 도달했다고 하자. 만약 그 주식이 본질적으로 아무런 문제가 없는데도 순전히 공매도꾼들의 공세 때문에 급락했다면 곧 주가는 신속하고 강력하게 반등하여 과거 수준을 회복한다. 마찬가지로 주가가 폭락하고 나서도 쉽사리 회복하지 못하고 맥이 풀려 옆으로 질질 횡보하고 있다면 주식 자체에 뭔가 문제가 있다는 신호다. 그런 주식은 추세선을 따라 한 단계 더 하락할 위험이 있다.

커피를 제외하면 1917년에 이루어진 리버모어의 주식이나 상품거래는 대부분 매우 성공적이었다. 그는 월스트리트에서 가장 강력한 곰(약세장 투기꾼)으로 정평이 나 있었다. 공매도꾼들의 공세를 받은 것으로 추정되는 종목이 생겨나면 사람들은 종종 그 원흉으로 리버모어를 지목하곤 했다. 법적인 유무죄 여부를 떠나 비애국적인 인물로 비난받기도 했다. 전시 주식시장의 급격한 가격변동을 대속할 희생양으로 그를 지목했던 것이다.

그럼에도 불구하고 바루치와 리버모어는 뛰어난 재능을 지닌 진정한 투기꾼의 전형으로 부각되었다. 그 둘의 조합은 화약 제조로 돈방석에 오른 듀퐁 그룹과 제너럴모터스의 W.C. 듀란트가 전시의 증시에서 달성한 거래성과에 비견될 수 있다. 거대하고 꾸준한 수익원을 보유한 이 사내들은 증시에 돈을 쏟아부음으로써 시장 내에서 유리한 위치를 점할 수 있었다.

1915년 중반 월스트리트는 흥미로운 소식을 접했다. 듀퐁 그룹이 처음엔 상대적으로 헐값이었지만 전시의 활황장세에서 끝없이 치솟은 볼드윈, 제너럴모터스 그리고 여타 회사들의 주식에 이익잉여금을 쏟아붓고 있다는 것이다. 이러한 소문은 특별히 반박되지도 않았고, 결국은 최고점 부근에서 수익이 실현되었다는 보고가 있었다. 볼드윈은 26달러에서 시작해 그해 154달러까지 올랐고, 제너럴모 터스는 82달러에서 558달러까지 올랐으며 1916년에는 700달러 이 상까지 치솟았다.

제너럴모터스의 회장인 듀란트는, 스스로 원하기만 했다면 걸출 한 투기꾼이 되었을 것이라는 평판을 얻고 있는 인물이었다. 실제로 도 그는 본업과는 별도로 저가에 주식을 사서 어마어마한 수익을 챙겼다. 하지만 그는 결코 주식시장에서 눈에 띄는 행동은 하지 않 았다. 대중이 어떤 종목의 투기 가능성을 알아채기 전에 매수했을 뿐이다. 그는 자신의 판단에 극단적인 자신감을 갖고 있는 인물로 알려져 있었다. 일단 주식을 매집하기로 결심하면 즉시 실행에 옮겼 고, 한 번 산 것은 좀처럼 팔지 않는 것으로도 유명했다.

6

전설은 스스로 사라질 뿐이다

마지막 승부처는 시장이 아니라 인생이다

리버모어의 가까운 친구인 플로 지그펠드는, 아름다운 여자들과 화려한 무대, 감미로운 음악으로 유명한 '지그펠드 폴리(Ziegfeld Follies)'라는 브로드웨이 쇼의 제작자였다. 지그펠드 폴리는 이국적인 인물들이 장엄한 무대를 종횡무진하며 굉장한 볼거리를 제공하는 뮤지컬이었다.

어느날 밤 리버모어는 맨해튼에 있는 지그펠드의 웅장한 펜트하우스에서 지그펠드 폴리의 배우 도로시 웬트(Dorothy Wendt)를 처음 만났다. 그녀는 자그마한 몸집에 까무잡잡한 피부, 고혹적인 연갈색 눈동자를 지닌 매력적인 아가씨였다. 그녀의 눈은 항상 사람을 날카롭게 꿰뚫어보는 듯하면서도 미소를 머금고 있었다. 그날의 파티에서 그녀는 대여섯 명의 사람들에게 둘러싸여 특유의 발랄한 말솜씨로 사람들을 즐겁게 해주고 있었다. 지그펠드는 그 틈을 비집고 들어가 그녀에게 리버모어를 소개했다.

리버모어는 첫눈에 그녀에게 반해버렸다. 그날 이후 리버모어는 그녀가 출연하는 모든 쇼를 보러 갔고, 뉴욕의 곳곳에서 그녀와 함께 식사하며 와인을 마셨다. 마치 로맨스소설에 나오는 것처럼, 뉴욕 최고의 투기꾼과 발랄하고 아름다운 쇼걸이 사랑에 빠진 것이다.

1917년 10월 리버모어는 네바다 주 리노에서 네티와 법적으로 이혼하였다. 절차는 간단했다. 그는 그녀가 원하는 것이라면 무조건 다 들어주었다. 그는 자신을 위해 설정했던 50만 달러짜리 신탁펀드도 그녀에게 주었고, 롱아일랜드의 저택과 최고급 가구들도 그녀에게 주었다. 그나마 개인용 열차와 롤스로이스, 요트는 그의 수중에 남아 있었다. 리버모어는 네티의 수중으로 떨어지는 재산에 괘념치 않았다. 그보다 더 많은 돈을 다시 벌 수 있다는 확신이 있었기 때문이다. 그래도 그의 계좌에는 아직 수백만 달러가 남아 있었다. 법적으로는 갚지 않아도 될 100만 달러의 채무도 다 해결해놓은 상태였다. 이제 모든 방해물로부터 자유로워진 것이다.

1918년 12월 2일 제시 리버모어와 도로시 웬트는 세인트레지스 호텔에서 화려한 결혼식을 올렸다. 주례는 치안판사인 피터 발로우였다. 도로시는 18살이었고, 리버모어는 41살이었다. 웨딩드레스를 입은 그녀는 정말 아름다웠다. 금발을 단정하게 뒤로 넘기고 최고급 턱시도를 입은 리버모어는 미소를 머금은 당당한 표정으로 도로시의 손가락에 결혼반지를 끼워주었다. 반지에는 "영원히, 도로시에게, 제이엘"이라는 문구가 새겨져 있었다. 도로시는 몇 년이 흐른 뒤에도 그날을 떠올리면 얼굴을 붉히곤 했다.

리버모어는 행복했다. 모든 것을 잃어버렸던 1907년과는 달리 이제 그는 '성공'조차 신중하게 다루고 있었다. 그는 자만과 독단 그리고 허영심을 통제하고 있었다. 그는 우울과 슬픔의 어두운 향기를 아직 기억하고 있었다. 또다시 전재산을 잃는 우를 범하고 싶지는 않았다.

리버모어는 도로시를 사랑했다. 이제 그는 자랑스러워할 만한 가족을 꾸릴 준비가 되어 있었다. 그러나 인생이란 알 수 없는 것이다. 커피시장에서 마주쳐야 했던 불가항력처럼, 인생에는 예측할 수 없는 일들이 수시로 찾아오게 마련이다.

위대한 곰의 사랑

리버모어는 어린 신부 도로시에게 '여자가 원할 수 있는 모든 것'을 해주기로 마음먹었다. 결혼식 다음날 리버모어는 아름다운 가구로 꾸며진 웨스트 76번가 8번지에 위치한 신혼집을 도로시에게 보여주었다. 그곳은 최상급의 보물들로 치장되어 있었다. 아름다운 페르시아 양탄자, 최고급 웨지우드 접시와 번쩍이는 크리스탈 식기들, 벽마다 걸려 있는 위대한 화가의 진품들…. 침실은 이집트산 면시트, 비단으로 감싼 거위털 베개, 깃털로 채워진 이불 등으로 화려하게 꾸며져 있었다. 욕실은 엄청나게 큰 집의 규모에 비해서 왜소했지만, 그래도 커다란 욕조를 포함한 모든 시설과 장식은 사치스럽게 개조된 상태였다.

남부럽지 않게 살아온 도로시조차 신혼집에는 완전히 압도당했다. 극소수만이 누릴 수 있는 호사의 극치였다. 그녀는 이 방에서 저 방으로 뛰어다녔다. 보면 볼수록 방들은 화려해 보였다. 리버모어는 그녀가 집구경을 마칠 때까지 널따란 거실에서 자랑스러운 얼굴로 그녀를 기다리고 있었다.

그들은 은제 티파니 얼음그릇에 담긴 고급 샴페인을 워터폴드 크리스탈 글래스에 부어 조금씩 음미하여 입주를 자축했다. 집이 아무리 화려하더라도 리버모어에게 새로운 사랑보다 값진 것은 없었다. 그녀는 파리로부터 직수입한 흰색의 면 드레스를 입고 우아한 자태를 뽐내고 있었다. 화려하게 장식된 넓은 창문을 통해 들어오는 찬란한 햇빛 속에서 그녀는 그림처럼 아름다운 뉴욕의 아침을 맞고 있었다.

물론 그녀와 떨어져 있을 때 리버모어는 자신의 천직인 투기에 집중했다. 그는 주식시장에서 배움의 길은 끝이 없다는 사실을 오히려 즐겼다. 게임은 결코 끝나지 않는다. 또한 어느 누구도 시장을 항상 이길 수 있을 만큼 완벽하게 배울 수는 없다. 주식시장의 수수께끼는 영원히 풀리지 않을 것이다. 이 얼마나 멋진 일인가!

사적인 생활에서도 리버모어는 순항중이었다. 1919년에 도로시는 첫아들 제시 주니어를 낳았다. 그와 도로시는 상의 끝에 뉴욕 외곽에서 아이를 키우는 것이 낫겠다고 결론을 내리고 롱아일랜드의 그레이트넥에 있는 킹스포인트에 새집을 구했다. 53,000m²(1만 6,000평)의 아름다운 대지에 자리잡은 저택 '로커스트 로언(Locust Lawn)'은 한쪽 면이 롱아일랜드사운드 해협에 면해 있었다. 100년이 넘는 역사를 자랑하는 이 저택은 한때 농장이었다고 했다. 도로시는 열정적으로 새집을 개조하는 프로젝트에 착수했다.

도로시의 모친은 그녀와 찰떡궁합이었다. 도로시는 개조된 저택에 어머니를 위한 호화로운 방을 설계했다. 도로시는 무슨 일을 하든 먼저 엄마와 상의했다. 두 모녀가 디자이너들과 모든 협의를 마치고 리버모어를 찾아갔을 때, 그는 아무 말 없이 수표를 써주었다.

저택이 개조에 들어갔다. 정교한 은장식과 태피스트리로 꾸민 아름다운 앤틱가구들이 속속 도착했다. 어떤 태피스트리 하나는 2만 5,000달러를 호가하는 예술품이었는데, 거의 2m 길이에 그리스 병

사와 신들의 치열한 전투가 장엄하게 묘사되어 있었다.

2년여에 걸친 대공사가 종료되자 저택에는 총 29개의 방과 12개의 욕실이 마련되었다. 지하에는 바와 오락실, 이발소가 있었다. 저택에 상주하면서 매일 리버모어의 면도와 이발을 담당하게 될 이발사가 새로 고용되었다. 리버모어와 도로시는 각자 널찍한 옷장과 대형 욕실을 나눠가졌다. 리버모어는 50벌이 넘는 수제양복과 수백 개의 넥타이, 수백 벌의 수제셔츠를 가지고 있었다. 리버모어의 키는 원래 179cm였지만 180cm가 훌쩍 넘는 것처럼 보이기를 원했으므로 키를 4cm 정도 높여주는 50켤레의 수제구두도 필요했다.

리버모어가 '무시(Mousie)'라는 애칭으로 부르는 도로시가 리모델링을 다 마치고 나자, 저택 입구의 기둥에는 커다란 황동현판이 내걸렸다. 저택의 원래 이름인 '로커스트 로언'을 버리고 '에버모어(Evermore)'라는 낭만적인 새 이름을 붙인 것이다.

윤기가 도는 검은색 호두나무로 만들어진 만찬장의 식탁은 총 48명이 한꺼번에 식사할 수 있는 크기였다. 주방은 여느 고급호텔에 견주어도 뒤지지 않을 정도였다. 그곳에서는 항상 4명의 전속요리사가 커다란 화덕 앞에 서서 대형냉장고에서 쏟아져 나오는 신선한 식재료로 음식을 준비하느라 여념이 없었다. 도로시는 성대한 저녁 파티를 열어 사람들로부터 찬사받기를 좋아했다. 리버모어 역시 조용하지만 자신감을 잃지 않는 특유의 스타일로 파티를 즐겼다.

도로시는 가능한 한 자주 파티를 열려고 했다. 어떤 구실을 만들어서라도 그녀는 파티를 열고야 말았다. 집에는 그녀의 전용 분장실까지 있었다. 거대하고 정교한 전신거울 주위에는 무대조명이 설치되어 있었고, 그 앞에는 공단으로 장식된 의자와 화려한 직물로 만들어진 안락의자가 놓여 있어 여자들이 잠시 수다를 떨며 화장을 고칠 수 있었다.

리버모어는 이 모든 것들을 좋아했다. 직접 계획하고 세부사항을 체크하지 않아도 언제나 멋진 파티가 준비된다는 사실이 너무 흡족할 따름이었다. 파티 준비는 도로시의 일이었고, 그녀는 자신에게 맡겨진 일을 사랑했다. 도로시 덕분에 리버모어는 더욱 많은 사람들과 사귈 수 있었다. 그 중에는 수많은 미녀들과 쇼비즈니스계의 인사들도 다수 포함되어 있었다.

하지만 리버모어는 증시가 없는 주말에만 파티를 즐겼다. 장이 열리는 주중에는 스포츠 선수처럼 철저히 자기규율을 지켰다. 저녁 10시에 잠자리에 들었고, 늦어도 아침 6시에는 일어나 어둠 속에서 혼자만의 매매전략을 구상하곤 했다. 그리고 나서는 주방 구석에서 홀로 아침을 먹으며 해협까지 드넓게 펼쳐진 잔디밭과 일출 속에서 빛나는 자신의 요트를 바라보았다. 그 요트에는 14명의 선원이 상주하고 있었다. 바로 옆에는 제너럴모터스의 앨프레드 슬로언과 월터 크라이슬러의 요트가 정박해 있었다.

그는 매일 아침 기사가 딸린 롤스로이스를 타고 출근했다. 하지만 여름에는 요트를 타고 출근했다. 한 시간 정도가 소요되는 기분 좋은 항해였다. 금요일 오후에는 월터 크라이슬러와 앨프레드 슬로언, 찰리 채플린을 초대하여 맥주파티를 열곤 했다. 채플린은 당구 솜씨가 뛰어났지만 리버모어도 그에 뒤지진 않았다. 채플린은 도로시의 유머를 너무 좋아한 나머지 어떻게 천성적으로 그런 유머감각을 타고날 수 있는지 알아내겠다며 몇 시간씩 그녀의 수다를 경청하곤 했다. 거실에는 스타인웨이 그랜드피아노가 놓여 있었다. 리버모어는 오페라와 고전음악을 좋아했기 때문에 슈만 하인크와 같은 당대 최고의 오페라 가수와 유명 피아니스트, 작곡가, 브로드웨이 스타, 당대의 유명가수 등을 파티에 초대하여 연주와 노래를 즐겼다.

그들의 삶은 낭만적이고 흥미진진했다. 1923년, 저택의 리모델링이 끝나기 직전에 도로시는 둘째아들 폴을 낳았다.

인생의 정점에서 사라져가는 것들

리버모어는 평생을 정열적인 트레이더로 활약했다. 46살이었지만 여전히 자신이 선택한 직업을 향한 억누를 수 없는 지적 욕구를 가지고 있었다. 시장의 심리학적인 측면뿐 아니라 기술적인 측면에 대해서도 그는 여전히 겸손한 학생과 같은 태도를 취하고 있었다. 리버모어가 도달한 결론은 단순했다.

"시장에는 수백만 종류의 마인드가 작동하지만, 연구대상이 될 만한 심리적 패턴은 기본적으로 하나다. 인간의 본성이 근본적으로 동일하기 때문이다."

하지만 으레 그렇듯이 신혼의 행복은 오래가지 않았다. 사랑하는 아내 도로시는 자주 폭음을 했고, 자기 어머니하고만 병적으로 붙어 다녔다. 모녀는 쇼핑도 함께 다녔고 여행도 함께 다녔다. 그녀의 어머니는 에버모어 저택의 거의 절반을 점령하고 있었다. 도로시는 살림에서부터 개인적인 문제에 이르기까지 전적으로 자기 어머니의 조언만 따랐다. 모녀의 주된 임무는 리버모어의 돈을 가지고 집을 다양하게 장식하는 것이었다.

리버모어의 장모는 도박에도 깊이 빠져 있었다. 1930년의 유럽여행 때 리버모어의 가족은 그의 절친한 친구이자 스페인 주재 미국 대사인 알렉산더 무어를 방문했다. 리버모어는 예전에 무어와 릴리언 러셀과의 열애를 비밀로 지켜준 적이 있다. 그들이 스페인에 머물고 있는 동안 무어는 도로시의 어머니를 스페인 국왕에게 소개시켜주었고, 둘은 금세 사랑에 빠졌다. 그 황당한 관계는 몇 달간 계속되었는데, 리버모어의 장모는 스페인에 계속 머물면서 거의 매일밤

카지노에서 도박을 즐기고 왕과도 실컷 즐겼다.

도로시는 자기 어머니가 몇 년간이나 홀로 지냈기 때문에 잘된 일이라고 생각했다. 하지만 리버모어와 무어는 눈앞에서 벌어지는 사태에 당황했고, 침묵 속에서 서로를 마주보며 고개만 가로저을 뿐이었다. 사실 리버모어는 평소에도 장모 때문에 자주 부아가 나곤 했다. 그는 아내로부터 소외감을 느꼈고, 장모의 존재가 자신과 아내 사이를 가로막는 장애물이라 여겼다.

리버모어는 결코 외향적이거나 사교적인 타입은 아니었다. 그는 과묵하고 진중한 뉴잉글랜드 출신이었다. 자신의 감정을 밖으로 드러내는 법이 없었고, 그것은 도로시에 대해서도 마찬가지였다. 그는 늘 게임에 임하는 포커선수처럼 행동하려 애썼다. 자신의 패가 드러나지 않도록 감정을 철저히 숨기는 것이 현명한 처세라고 생각했다. 하지만 감정을 표현하지 못하고 표현하려고도 하지 않다보니 스트레스가 항상 따라다녔다. 그의 유일한 위안거리는 주식시장에서 포지션을 청산하거나 휴가를 떠나 요트놀이를 즐기는 것이었다. 나이가 들어갈수록 리버모어는 이런 것들에 더욱 집착하게 되었다.

사실 그에게는 또 한 가지 은밀한 오락이 있었다. 리버모어는 평생 아름다운 여인에게 약했다. 그리고 어떤 여자들은 어마어마한 재산을 소유한 남자에게 약했다. 또 어떤 여자들은 월스트리트라는 냉혹한 승부의 세계에서 늘 홀로 걸으며 베일에 싸인 삶을 살아가는 남자에게 약했다. 그들은 자신들로서는 도저히 이해할 수 없는 복잡한 세계에서 살아가는 고독한 남자에게 약했다. 리버모어의 가정에 대한 불만과 습관적인 불륜이 계속되었다.

그에게 있어 진짜 인생은 바로 주식판에 있었다. 그는 자신의 진짜 인생을 너무도 사랑했고, 투자라는 게임은 하고 또 해도 늘 모자란 듯했다. 투기를 할 때마다 솟아나는 승부욕은 그의 생존이유였다. 시세가 주가테이프를 통해 비밀을 흘리는 것처럼 그 신비한 생동감은 장중에 그의 내부에서 끊임없이 흘러다녔다. 투기를 하면서 알게 되는 비밀 하나하나는 매순간 그에게 경이였고 전율이었다.

도로시는 리버모어에게 있어 완벽한 장식품이었다. 그녀는 거울에 비친 리버모어라고 할 수 있을 정도로 그와 정반대였으며, 그들은 완벽한 커플이었다. 그녀는 즉흥적이고 매사에 거침이 없었으며 뇌리에 떠오른 생각을 불쑥불쑥 말하는 타입이었다. 반면에 어느 누구도 리버모어의 머릿속에 어떤 생각이 들어 있는지는 알지 못했다. 둘은 서로를 더욱 빛나게 했고, 그들 역시 이러한 사실을 잘 알고 있었다.

개인사에 있어서나 투자인생에 있어 리버모어의 정점은 1920년과 1930년 사이였다. 부푼 기대를 안고 1930년대를 맞이했지만, 그는 점차 골치아픈 개인적 문제들과 맞닥뜨려야 했다. 도로시는 폭음을 계속했고, 그들은 끊임없이 싸웠다. 아이들은 항상 기숙학교에 있거나 여름캠프에 있었다. 아이들은 부모로부터 소외되었다고 느끼게 되었고, 결국 부모를 기피하기 시작했다. 준수한 외모와 자신감으로 충만했던 큰아들 제시 주니어는 점차 성년에 가까워지면서 말썽을 부리기 시작했다. 학교생활에 어려움을 겪던 그는 여름에 잠깐 집에 와 있을 때마다 부모와 말다툼을 벌였다.

한편 리버모어는 항상 아름다운 여인들과 함께 있었다. 영향력과 재력 그리고 신비로운 이미지를 미끼로 그는 자석처럼 여자들을 끌어당겼다. 여자들 역시 부나방처럼 그에게 매료되었다. 리버모어는 한 여자와 잠깐 데이트하고 즐긴 다음에는 깡그리 잊고 곧바로 다음 상대를 찾아나서곤 했다.

그런데 사실 그의 연애행각은 거의 모두 도로시의 귀로 흘러들어가고 있었다. 결혼 당시 그녀는 18살이었고, 리버모어 말고는 남자 경험이라곤 전무한 소녀였다. 그녀는 남편의 바람기에 낙담하고 상처받았다. 그녀가 평생에 걸쳐 사랑한 사람은 리버모어뿐이었다. 그녀는 자신의 유일한 사랑이 떠나가고 있다고 느꼈다.

이 모든 상황들은 도로시가 재무부 관리이자 금주법 전문가인 월터 롱코프를 만나면서부터 전환기를 맞게 되었다. 그녀도 불륜에 빠지면서 맞불을 놓기 시작한 것이다. 롱코프는 1927년에 있었던 뉴욕밀주단 잠입수사로 어느 정도 명성을 얻은 인물이었다. 젊은 시절의 게리 쿠퍼와 비슷한 용모의 소유자이기도 했다.

도로시는 이혼소송을 진행하며 새로운 연인 롱코프와 함께 네바다 주 리노에 임시거처를 마련했다. 1932년 9월 16일 금요일, 그녀는 결혼 14년 만에 황폐해진 마음으로 위대한 투기꾼와 이혼했다. 아이들의 양육권은 도로시에게 넘어갔다.

토마스 모런 판사가 의자에 앉아 양측 진술을 들었다. 이혼을 성립시키기 위해 리버모어는 증언대에 서서 자신이 1931년 7월 15일에 자신의 아내를 배신했음을 증언해야 했다. 증언대에 서서 리버모어가 눈길을 돌렸을 때 여전히 아름다운 도로시가 거기 앉아 있었다. 그는 자신이 해야 할 일을 마쳤다. 모런 판사는 이혼판결을 내렸다.

판결이 끝나자 마자 도로시는 롱코프의 팔짱을 낀 채 다시 모런 판사 앞에 섰다. 모런 판사의 주재 하에 결혼식이 시작된 것이다. 나중에 도로시는 아이들에게 이렇게 말했다.

"나는 사실 20분 동안만 독신이었단다."

법원을 떠나면서 리버모어는 1918년 12월 2일 리노에서 있었던 네티 조던과의 첫 번째 이혼을 떠올렸다. 그 역시 바로 다음날 도로시와 결혼식을 올렸다. 역사는 돌고 도는 것이다. 리버모어는 첫 번째 이혼 때와 마찬가지로 도로시와의 두 번째 이혼에서 합의한 사항을 그대로 이행했다. 저택, 보석 그리고 자신이 엄선하여 구성한 100만 달러 상당의 주식 포트폴리오를 그녀에게 내준 것이다. 그녀와 아이들을 위해 준비했던 100만 달러짜리 연금신탁도 그녀에게 주었다. 그는 도로시가 원하는 것이라면 무엇이든 줘버렸다. 늘 더 많은 돈을 벌 수 있다고 믿었던 리버모어에게는 주식시장에 다시 뛰어들 수 있을 만큼의 밑천이면 족했다.

롱코프와 재혼한 후 도로시가 가장 먼저 한 행동은 리버모어가 구성한 100만 달러 상당의 주식을 내다파는 것이었다. 그녀는 그 돈으로 철도회사 채권을 매수했다. 결과적으로 그녀는 분노에 휩싸였고 더욱 폭음을 일삼게 되었다. 오래지 않아 '안전한' 철도채권은 휴지조각이 되었고, 리버모어가 설계했던 포트폴리오는 1950년대에 접어들며 5,000만 달러를 상회했다. 그녀는 리버모어에 대한 추억이 사라지기만을 바랐지만, 그가 그녀의 인생에서 완전히 사라진 적은 단 한 번도 없었다. 살아 있는 동안 그녀는 최소한 매일 한 번 이상 그에 관해 이야기했다.

다가오는 어두운 그림자

리버모어는 리노를 떠나 뉴욕으로 돌아왔다. 그는 돌처럼 가라앉아 있었다. 그는 다시 깊고 어두운 우울증에 빠져들었다. 일생 동안 단 한 순간도 그의 곁을 멀리 떠나지 않았던 검은 구름이 어느새 바짝 다가와 있었다.

이혼하고 얼마 지나지 않아 리버모어도 네브라스카 주 오마하의 귀족 출신 해리엇 메츠(Harriet Metz)라는 여성을 알게 되었다. 그들은 뉴욕에 있는 알렉산더 무어의 펜트하우스에서 열린 칵테일 파티에서 누군가의 소개로 처음 인사를 나눈 후 함께 스토크 클럽에 자주 드나들었다. 스토크 클럽의 주인은 리버모어의 가까운 친구인 셔먼 빌링슬리였다. 스토크 클럽은 1930년대의 뉴요커라면 반드시 가봐야 할 명소였다.

해리엇은 오마하의 메츠 양조회사를 소유한 가문의 여자였다. 한때 인정받는 가수이자 뉴욕사교계의 명사였던 그녀는 6개월의 연애 끝에 리버모어와 결혼하기로 결정했다. 1933년 3월 28일, 리버모어와 38살의 해리엇은 일리노이 주 제네바에서 결혼식을 올렸다. 신혼여행은 없었다. 그것은 해리엇의 다섯 번째 결혼식이었는데, 공교롭게도 그녀의 전남편 4명은 모두 자살로 삶을 마감했다.

신혼부부는 센트럴파크 건너편 5번가에 위치한 셔리네덜란드 호텔의 한 층을 모두 차지하는 아름다운 스위트룸으로 이사했다. 그곳은 호화로운 거실과 식당, 서재와 두 개의 커다란 침실로 꾸며져 있었다.

1933년 10월 27일, 뛰어난 미모의 여배우 나디아 크라스노바가 혼인빙자간음 혐의로 리버모어를 뉴욕대법원에 고소했다. 사실 그녀는 오랫동안 리버모어의 정부였다. 그녀는 합의금으로 25만 달러를 요구했다. 이 소송은 오랫동안 계속되었던 리버모어의 애정행각을 전혀 모르고 있던 해리엇을 화나게 하기에 충분했다. 그녀는 천성적으로 소유욕이 강하고 질투가 심한 여자였다. 리버모어에게 다른 여자가 있었음이 드러나자 그들의 결혼생활에도 문제가 생기기 시작했다. 나디아와의 불륜을 놓고 그들은 거의 매일 싸웠다.

리버모어의 집중력, 원칙, 활동적인 에너지가 한꺼번에 약화되고 있었다.

'도로시와의 결별 때문일까? 아이들을 자주 볼 수 없기 때문일까? 혹시 새 아내가 나를 파멸시키는 것은 아닐까? 1929년의 대박을 기점으로 이제는 주식에 대한 흥미가 사라진 것일까? 이제는 더 이상 성공적인 투기를 이어갈 수 없는 것일까? 전 재산을 날려버린 1907년의 상황이 재연되는 건 아닐까? 이 어둠과 절망 그리고 허무는 어디에서 오는 것일까? 무엇이 이 지친 영혼을 위로할 수 있을까? 무엇이 평화와 안식을 가져다줄 수 있을까?'

리버모어는 인생 최악의 우울증에 빠져버렸다. 그의 친구들조차 월스트리트의 위대한 곰이 발톱을 잃어버렸음을 눈치채기 시작했다. 리버모어의 사고는 흐릿해졌고, 도통 앞뒤가 맞지 않았다. 주식시장을 향한 끝모를 열정도 서서히 식어가고 있었다. 그는 사무실을 브로드웨이 120번지로 옮기면서 서기들을 해고했다. 정말 친하게 지냈던 친구들과의 교류도 중단했다. 에드 휴톤, 월터 크라이슬러, 에드 켈리, 알렉산더 무어, 윌리엄 듀런트도 그를 만나기가 점점 힘들어졌다.

그는 정말로 좋아했던 메트로폴리탄 클럽에서의 브릿지 게임도 중단했다. 포커와 주사위 게임도 더이상 즐기지 않았다. 여전히 말쑥한 차림이었지만 첨단유행에는 살짝 뒤처지는 것처럼 보이기 시작했다. 멍하니 허공을 응시하는 시간도 많아졌다. 친구들이 이야기하고 있는 와중에도 그는 가끔씩 무표정한 얼굴로 허공을 응시해 친구들을 당황시켰다.

리버모어는 큰아들 제시 주니어와도 잘 지내지 못했다. 잘생기고 성숙해 보이는 제시 주니어가 그레이트넥의 저택에 자주 모이던 여자들 몇몇과 성관계를 가져왔다는 사실을 그는 뒤늦게 알게 되었다. 그중에는 도로시의 친구들도 있었다. 알고 보니 제시 주니어는 14살 때부터 이런 여자들과 관계를 맺어왔다. 게다가 그 나이 때부터 제시 주니어는 아버지의 술 진열장을 뒤져왔다.

아직 어린 제시는 학교생활에 문제가 있었고, 그의 어머니가 산타바바라로 이사한 것도 못마땅해했다. 도로시는 친구들과 아들 제시에게 이사의 이유에 대해 이렇게 설명했다.

"그 남자로부터 더 멀리 떨어질 수 있는 곳을 못 찾겠어."

하지만 제시 주니어는 자기를 맹목적으로 사랑해주고 언제든, 무엇이든 원하는 것이라면 다 들어주는 아버지가 있는 뉴욕에서 지내고 싶어했다. 사실 제시는 아버지를 사랑했고, 아버지도 제시를 사랑했다. 실제로 리버모어는 제시를 위해 무엇이든 해주었으며, 바로 그러한 맹목적 사랑이 결과적으로 한 소년을 망쳐버렸다. 이러한 문제점을 잘 알고 있던 도로시는 리버모어가 제시를 만나지 못하도록 각별한 주의를 기울였다. 도로시의 이러한 집착은 리버모어의 새 아내인 해리엇에게는 오히려 반가운 일이었다. 그녀는 리버모어의 관심이 자기에게만 쏠리길 바랐다. 그래서 그녀는 리버모어의 아이들이 싫었다.

섬세한 성격에 역시 잘생긴 리버모어의 작은아들 폴은 형의 거친 성격과는 다른 기질을 가지고 있었다. 그의 형은 장난꾸러기였고 교활했다. 하지만 폴은 상냥하고 차분하며 평온한 성격의 소유자였다. 대저택에서 혼자 놀면서 행복해하거나 브레이커스 앞에 펼쳐진 해변에서 형 제시와 함께 뛰어놀기를 좋아하는 아이였다. 그는 창의력이 매우 뛰어났고 손재주도 빼어나 할아버지처럼 무엇이든 만들고 고칠 줄 알았다. 폴은 형 제시가 부모의 사랑을 독차지하고 있음을 알고 있었지만 결코 질투하지 않았다. 그는 자신의 세계 안에서 만족을 찾곤 했다.

월스트리트의 신화는 지고

모든 상황이 리버모어에게 불리하게 돌아가고 있었다. 그의 금융

자산은 무서운 속도로 악화되었다. 뉴욕증권거래소 회원인 존 티어니에 대한 1만3,130달러의 채무확정판결을 다룬 기사가 1934년 1월 10일자 〈뉴욕타임즈〉에 처음으로 게재되었다. 벤저민 블락 증권사에 9만840달러를 갚으라는 확정판결 소식이 1934년 2월 2일에 두 번째로 기사화되었다. 벤저민 블락은 리버모어의 친구였다. 하지만 리버모어는 소송과 관련하여 그 어떤 대응도 하지 않았고, 결국 모든 약식재판에서 패배했다.

1934년 5월 5일, 리버모어는 또다시 무너졌다. 연방법원에 파산신청을 한 것이다. 1934년 3월 7일, 파산한 리버모어는 자동적으로 시카고상품거래소(CBOT)의 회원자격도 박탈당했다. 5년 전인 1929년의 대폭락 장세에서 그가 벌어들인 막대한 재산이 어떻게 되었는지 아무도 알지 못했다.

1938년과 1939년, 리버모어는 여전히 주식을 만지고 있었지만 모든 것이 예전 같지 않았다. 과거에는 주식시장과 곡물시장을 비롯한 모든 시장에서 그는 혼신의 에너지와 정열을 쏟아붓곤 했지만, 이제는 그렇게 하지 못했다. 1920년대의 화려했던 전성기는 추억으로 남았고, 삶의 희열은 증발해버렸다. 그는 불륜과 난삽한 사생활로 전성기를 허비했던 것을 뒤늦게 후회했다. 도로시가 술이 과한 건 사실이었지만, 리버모어의 교묘한 불륜은 그녀에게 굴욕감과 함께 정신적인 황폐감을 안겨주었다. 이러한 고통은 그녀를 더욱 술로 내몰았을 터였다.

1939년 말, 제시 주니어는 아버지 리버모어에게 주식시장과 상품선물시장에서의 매매경험과 기법에 관한 책을 써보라고 권유했다. 저술활동이 자신의 영혼에 다시 불을 지펴줄지도 모른다는 기대를 안고 그는 즉시 집필에 착수했다. 1940년 3월, 듀엘슬로언피어스(Duell, sloan, and Pearce) 출판사에서 리버모어의 책 『주식투자기법(How to Trade in Stocks)』이 출간되었다.

제2차 세계대전이 여전히 진행중이었기 때문에 전반적으로 주식시장에 대한 관심이 저조한 때였다. 책은 잘 팔리지 않았지만 최초로 공개된 그의 매매기법은 당대의 주식전문가들로부터 매우 뜨거운 반응을 끌어냈다. 그 논쟁은 지금까지도 계속되고 있다. 리버모어는 그 책에 이렇게 썼다.

"나는 여러분들이 내가 제시한 생각들을 더 새롭고 더 높은 경지로 끌어올릴 것임을 잘 알고 있습니다. 걱정할 필요는 없습니다. 질투하지 않을 겁니다. 저는 사람들이 모두 잘되었으면 합니다. 나는 베르길리우스의 말에 동감합니다. Exoriare aliquis nostris exossibus ultor. 누군가가 내 시체를 딛고 원수를 갚을지어다."

1940년 11월 27일 수요일, 63세의 리버모어와 그의 아내 해리엇이 스토크 클럽에 나타났다. 클럽 전속 사진사가 다가와 사진을 한 장 찍어도 되겠느냐고 물었다.

"물론이오."

리버모어가 인자한 얼굴로 말했다.

"이것이 나의 마지막 사진이 될 거요. 나는 내일 아주 멀리 떠날 테니까."

깜짝 놀란 해리엇이 리버모어에게 물었다.

"그게 무슨 말이에요, 여보?"

"농담이야, 여보. 그냥 농담이라고."

다음날인 11월 28일 정오, 리버모어는 5번가 745번지 스큅 빌딩에 있는 사무실에서부터 셔리네덜란드 호텔까지 걸었다. 오후 12시 30분, 평상시와 달리 그는 홀로 점심 테이블에 앉았다. 호텔 바와 레스토랑의 VIP였기 때문에 호텔의 종업원들은 모두 리버모어를 잘 알고 있었다. 그가 바 근처 테이블에 자리를 잡자 별다른 주문 없이도 바텐더는 즉시 그가 좋아하는 칵테일을 서빙했다. 점심식사 내내 그는 평소에 애용하는 가죽장정 메모장을 뒤적이며 조끼사슬에 매달린 순금펜으로 무언가를 끄적였다.

오후 2시 30분, 그는 호텔을 떠나 사무실로 돌아갔다가 오후 4시 30분에 다시 셔리네덜란드 호텔로 돌아와 바 근처의 애용하는 테이블에 앉았다. 그가 앉자마자 다시 칵테일이 서빙되었고, 이번에도 그는 메모장에 무언가를 적어넣고 다시 주머니에 집어넣고를 반복했다. 그동안 그는 칵테일을 한 잔 더 주문했다.

한 시간 후 그는 바를 빠져나와 호텔 로비로 걸어나갔다. 남자화장실로 가려면 일단 로비로 들어가 시야를 가리는 회전문 너머로 30~40m쯤 걸어 연회장과 휴대품보관소를 통과해야 했다. 오후 5시 33분, 리버모어는 회전문을 통과하여 어둡고 침침한 휴대품보관소의 닫힌 문 뒤로 사라졌다. 그는 휴대품보관소 끝에 있는 의자에 걸터앉아 32구경 자동권총을 천천히 꺼내 총신을 한 번 쓰다듬었다. 약실을 한 바퀴 돌리니 총알이 가득 차 있는 것이 보였다. 에버모어에서 살던 시절에 구입한 권총이었다.

그는 총구를 오른쪽 귀 뒤에 대고 방아쇠를 당겼다. 순식간에 총알이 그의 머릿속으로 파고들었다. 즉사였다. 몇 분 후 부지배인 패트릭 머레이는 순찰중에 휴대품보관소의 문이 열려 있는 것을 발견했다. 리버모어가 의자 위에 쓰러져 있었다. 처음에 그는 리버모어가 잠든 줄 알고 방해하지 않으려 했다. 그러나 이내 그는 바닥에 흥건한 피와 권총을 발견했다.

패트릭 머레이는 즉시 프론트로 달려가 경찰에 신고했다. 뉴스는 삽시간에 번져나갔다. 기자와 사진기자들이 호텔 로비로 밀물처럼 몰려들었다. 경찰은 리버모어의 메모장에서 자필로 쓴 8페이지의 유서가 발견되었다고 발표했다. 11월 30일자 〈뉴욕타임즈〉는 리버모어의 자살을 대서특필했다.

경찰의 발표는 사무적이고 간결했다.

"가죽으로 장정된 메모장이 리버모어 씨의 주머니에서 발견되었습니다. 부인에게 보내는 것입니다."

경찰대변인은 메모장의 내용을 읽어내렸다.

"사랑하는 니나에게. 이제는 견딜 수가 없소. 모든 것들이 악화되고 있소. 이제는 더 이상 싸울 수가 없을 것 같구려. 지쳐서 더 이상 계속할 수가 없소. 이게 빠져나갈 수 있는 유일한 방법인 것 같소. 나는 당신의 사랑을 받을 자격이 없소. 나는 실패작이라오. 미안하오. 하지만 이게 내가 자유로워질 수 있는 유일한 길이오…."

"그리고 유서 말미에는 '당신을 사랑하는 로리가'라고 서명되어 있는데, 로리는 아마도 리버모어 씨의 중간이름인 로리스톤에서 따온 것으로 보입니다."

경찰은 이어서 자신의 인생이 실패작이라는 것과 비참한 심경에 대한 이야기들이 동일한 어휘로 계속 반복되고 있다고만 말했다. 다만 이 메모가 두서없이 쓰여진 것 같지는 않고, 굉장히 심각한 정서적 스트레스 속에서 쓰여진 것으로 보인다고 말했다.

다음날 정오, 그의 시신은 고작 네 사람이 지켜보는 가운데 순식간에 불타 사라졌다. 월스트리트의 외로운 늑대이자 위대한 곰, 전설의 몰빵소년이 영원히 사라지는 순간이었다. 1941년 2월 1일, 리버모어의 유산이 처분되었고, 이에 대한 기사가 <뉴욕타임즈>에 실렸다. 해리엇 메츠 리버모어가 유일한 유언집행인이었다. 대차대조표 상으로 리버모어의 재산은 1만 달러였고, 부채는 36만1,010달러였다. 파크애버뉴에 있는 집에서 해리엇이 빼돌린 리버모어의 100만 달러짜리 개인신탁기금의 행방에 대해서는 그 후로 아는 사람이 없었다.

학교를 마치기 위해 하치키스로 돌아간 리버모어의 둘째아들 폴은 졸업 후 공군에 입대했다. 불어를 완벽하게 구사했던 그에게는 P-51머스탱을 조종하는 자유프랑스 공군 소속 조종사들을 훈련시키는 임무가 주어졌다. 이후 그는 할리우드에서 역할을 얻어 몇 편의 영화와 TV시리즈에 출현했다. 그는 하와이로 서핑을 하러 갔다가 만난 마거릿 실리와 결혼하여 채드와 스캇, 두 명의 아들을 얻었다. 하지만 훗날 그녀와 이혼하고 엠버스 나이트클럽과 레스토랑의 주인이 되었다. 그는 그곳에서 아름답고 재능있는 나이트클럽 가수 앤 매커맥을 만나 재혼했다. 그녀는 프랭크 시내트라, 토니 베넷 그리고 많은 대형 밴드와 함께 공연한 적도 있었다. 그들은 행복하게 살았다.

그러나 형 제시의 삶은 전혀 달랐다. 1965년 3월, 그는 에블린 설

리번과 이혼하고, 키가 크고 호리호리하며 고등교육을 받은 뉴욕 사교계의 금발 미녀 패트리샤 슈나이더 프라이버그와 재혼했다. 그는 이혼을 위해 파크애버뉴의 아파트와 함께 재산 전부를 에블린에게 주었다. 남은 것이라곤 아버지가 남겨주고 현재는 어머니가 관리하고 있는 신탁기금이 전부였다. 패트리샤와 결혼한 후 잠시 행복한 삶을 사는 듯했던 제시의 주벽과 바람기는 갈수록 심해졌다. 게다가 그는 한때의 자살소동으로 인한 총상 후유증으로 정신적, 육체적 고통을 받고 있었다. 또한 자기몫의 유산을 탕진해버린 어머니에 대한 분노를 품고 있었다. 아내 패트리샤에게 끔찍한 폭력을 휘두르던 그는 1975년 팜비치의 휴양지에서 음독자살로 생을 마감했다.

제시 주니어가 죽은 뒤 플로리다의 새니벌 섬으로 내려간 리버모어의 전처 도로시는 1985년에 사망했다. 영원의 불꽃 속으로 들어가는 그녀의 곁을 지켜준 사람은 폴과 그의 아내 앤 그리고 그녀가 그토록 사랑했던 고양이 시저뿐이었다.

일찌감치 리버모어는 주식시장이 똑 떨어지게 분명하지는 않다는 사실을 알았다. 시장은 거의 항상 사람들을 기만한다. 따라서 리버모어의 거래규칙에는 역발상적인 요소가 많다.

- 손실은 재빨리 잘라버려라.
- 포지션을 100% 다 채우기 전에 자신의 판단이 옳은지 다시 한 번 확인하라.
- 포지션을 청산해야 할 적절한 이유가 생기기 전까지는 수익을 극대화하라.
- 주도주를 매매하라. 이들은 시장의 근본적인 방향이 변할 때마다 움직인다.
- 주의가 분산되지 않도록 관심종목의 수를 제한하라.
- 사상최고가를 기록하는 주식은 고점을 돌파할 때마다 매수하라.
- 싸구려 주식들은 가끔씩 급락하여 헐값매수의 기회를 주는 것처럼 보일 때가 있다. 그러나 그런 잡주들은 대개 계속 하락하거나 반등의 잠재력을 거의 상실한 것들이다.
- 시세의 변곡점을 주시하면서 추세를 확인하라.
- 시장과 싸우려 들지 마라.

2부

리버모어의 투자기법

"희망은 인간의 중요한 생존기술이다.
하지만 그 생존기술이 증시에서는 종종 탐욕이라는 독약으로 돌변한다."

7

시장의 비의를 찾아서

탁월한 선택은 의식적인 마음과 무의식적인 마음이 상호작용한 결과다

직감은 경험과 학습의 총체

평생에 걸쳐 학생의 입장에서 배울 수 있다는 점이야말로 그가 투기라는 직업에 매혹된 이유였다.

"시장은 결코 똑같이 행동한 적이 없다. 단 하루도 과거의 어느 날과 전적으로 같지는 않다. 시장은 눈깜짝할 사이에 대박이 터지거나 날아가버리는 전력질주의 경기장이다. 올바른 판단을 하면 누구나 승자가 될 수 있다."

월스트리트 사람들은 리버모어의 직감에 늘 신비감을 느꼈다. 하

지만 정작 리버모어에게 그 직감이란 관찰자들에게만 그렇게 보일 뿐 그저 충동적인 무엇이 아니었다. 그의 탁월한 선택은 항상 의식적인 마음과 무의식적인 마음이 상호작용한 결과였다. 그러한 정신 활동에는 현상의 본질을 꿰뚫어 정보화하고, 과거에 벌어졌던 사건을 현재의 사건과 결부시키고, 동료 투기꾼들의 행동을 면밀하게 관찰하고, 다른 무엇보다도 타인의 판단보다 자신의 판단을 존중하는 태도 등이 포함되어 있었다.

리버모어는 평생 자신의 잠재의식을 이해하기 위해 많은 시간을 쏟아부었다. 심지어 그는 프로이트와 융의 심리학까지 연구했다. 그는 의식세계의 힘과 신비로움을 이해하고 있었다. 그것은 창조적 사고의 원천이자 신비로운 꿈의 본향이었다. 한계가 정해져 있지 않은, 순수하게 무작위적인 세계였다. 잠재의식은 과연 세상의 숨겨진 의도를 알고 있는 걸까? 무의식은 세상의 비의를 알고 있는 걸까? 그렇다면 그것을 꽉 붙잡아 통제할 수도 있을까?

신속하고 조건반사적인 것처럼 보이는 리버모어의 과감한 행동은 월스트리트 전설이 되었다. 사람들은 일련의 사건들을 지켜보고 난 후 그가 '투기꾼의 본능' 또는 '도박꾼의 행운'이라고 부르는 육감에 따라 행동한다고 결론지었다. 주가테이프에는 그의 눈에만 보이는 특별한 암호가 숨겨져 있다고 생각했다.

14살때부터 주식투자를 시작한 그는 "인간은 경험의 총체"라는 아리스토텔레스의 위대한 깨달음에 전적으로 동의했다. 그는 지성을 통해 정화된 실제 삶의 경험에 매순간 매료되었다. 하지만 사람들은 그것을 '직관'이라 불렀다. 과연 이것이 개념으로 이해되고 지성으로 포착될 수 있는 성질의 것일까?

'산업별 단체행동'의 비밀

1920년대의 리버모어는 시장에서 매우 중요한 발견을 하게 된다. 바로 '산업별 단체행동(industry group movements)'이다. 주식이 움직일 때 혼자서 움직이는 것이 아니라 산업별로 그룹을 지어 움직인다는 사실을 발견한 것이다. US스틸이 오르면 조만간 다른 철강주인 베들레햄과 리퍼블릭 그리고 크루서블이 따라 오르는 경우가 많았다. 리버모어는 이러한 현상을 반복해서 관찰했고, 이러한 경험칙은 실제로 전장에서 매우 훌륭한 무기로 기능했다.

[그림 1]과 [그림 2]에서 볼 수 있듯이, 리버모어의 전성기로부터 오늘날에 이르기까지 변한 것은 하나도 없다. 제너럴모터스와 포드의 주가흐름을 비교해보면 '자동차 그룹'이 판에 박은 듯 함께 움직인다는 사실을 알 수 있다.

'산업별 단체행동'이라는 현상이 리버모어에게 의미하는 바는 분명했다. US스틸의 최근 영업성과가 어떤 보편적이고 근본적인 조

[그림 1] 제네럴모터스 _ 1997년 7월 15일~1999년 7월 15일. (너바나시스템 제공)

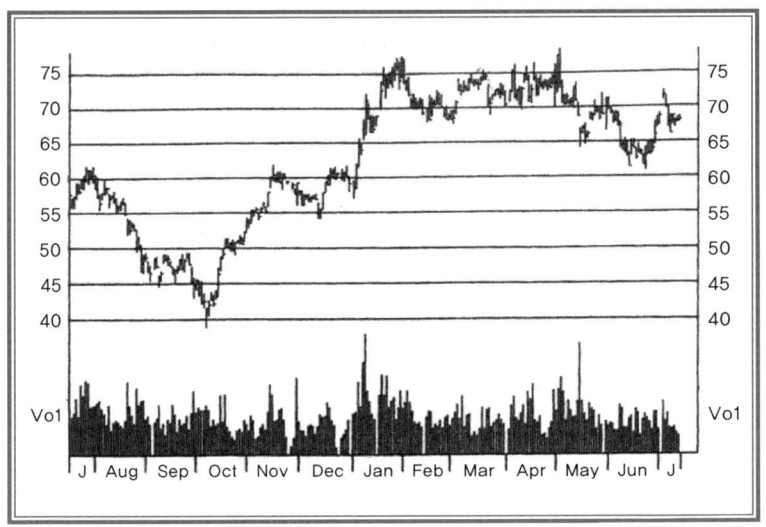

[그림 2] 포드 _ 1997년 7월 17일~1999년 7월 15일. (너바나시스템 제공)

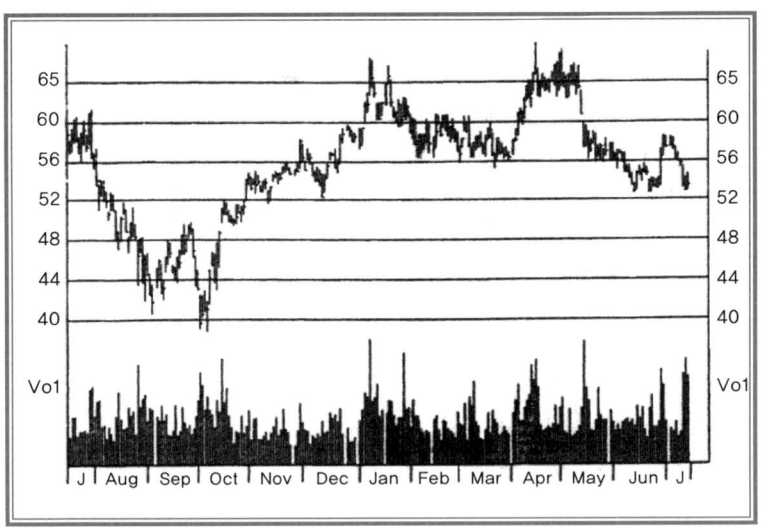

건에 힘입었다는 판단이 정확하다면, 다른 철강 종목들도 똑같은 근거의 영향을 받게 된다는 것이다.

물론 이러한 논리는 약세장에서도 동일하게 적용된다. 보편적이고 정확한 근거에 의해 한 종목이 하락세로 돌아선다면 동일한 평가방식이 그 업종 전체로 확산된다.

예를 들어 [그림 3]과 [그림 4]는 '석유사업 그룹'이다. 지난 1998년 늦봄 유가가 곤두박질쳤을 때 해외 원유시추업체인 트랜스오션과 트라이톤에너지의 주가는 순익 마진이 악화될 것이라는 전망하에 급락했다. 실제로 모든 석유시추회사들의 주가가 심각하게 하락했다.

선호하는 산업군 내에서 특정 종목이 다른 주식들과는 달리 시세가 나지 않을 때마다 리버모어는 그로부터 항상 새로운 시사점을 찾아냈다. 이는 같은 업종 내에서도 그 종목이 특히 취약하거나 뭔가 문제가 있다는 것을 알려주는 신호였다. 즉 동반상승의 틈새에서도 근사한 공매도 기회를 찾을 수 있다는 뜻이었다. 이 논리는 역으로도 적용된다. 만약 한 그룹이 내려가고 있는데 그룹 내의 특정 종목만 추세를 거슬러 올라간다면 이 또한 특별히 주목해야 한다.

[그림 3] 트랜스오션 _ 1997년 7월 17일~1999년 7월 15일. (너바나시스템 제공)

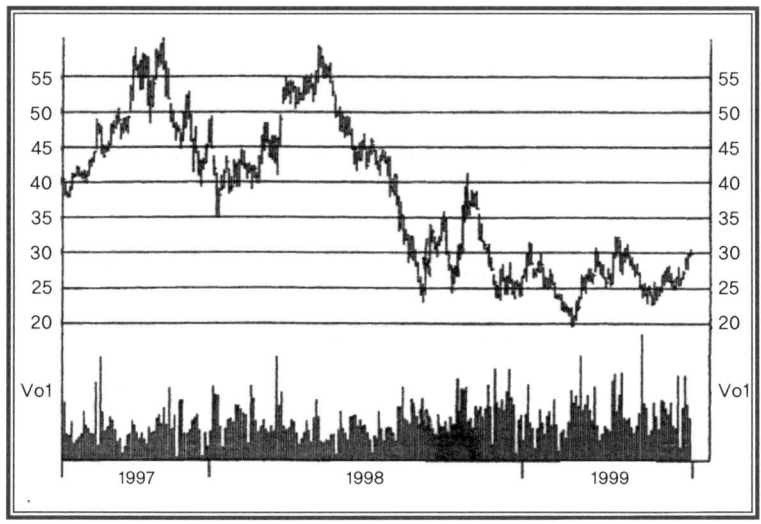

[그림 4] 트라이톤에너지 _ 1997년 7월 17일~1999년 7월 15일. (너바나시스템 제공)

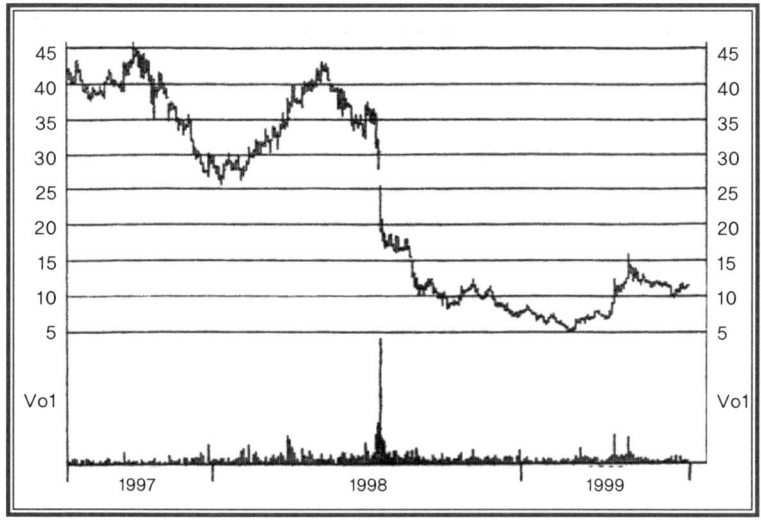

174

집단행동에 있어 유일한 예외는 한 종목의 매출이 그룹 전체 매출의 50% 이상을 차지하는 경우다. 업종 전체에 적용될 만한 특별한 재료가 없더라도 그룹 내의 다른 종목들은 시차를 두고 주도주의 추세를 따라가게 된다. 예를 들어 [그림 5]와 [그림 6]은 통신장비 업종의 주도주인 루슨트와 다른 통신업체들의 흐름을 보여준다. 차트는 주도주의 움직임이 그룹 전체에 얼마나 중요한 영향을 미치는지를 명백히 보여주고 있다. 이런 경우에는 사실상 주도주 한 종목이 곧 '업종'이라 할 수 있다.

리버모어는 시장의 주도주 및 업종대표주의 진가를 알고 있었다. 그는 이등주나 삼등주는 아무리 헐값이라도 사지 않았고, 늘 그룹의 핵심이라 할 수 있는 주도주만 따라다녔다. 물론 가끔은 그룹 내에서 작지만 탄탄한 업체가 신제품을 무기로 기존의 대표주를 밀어내고 리더십을 찬탈하는 경우도 간혹 생긴다.

리버모어는 여러 차례의 강세장에서 여러 그룹들이 투자자들의 관심권 안으로 들어왔다가 빠져나가는 과정을 반복적으로 관찰했다. 일정 시점의 주도주 그룹은 다음에 오는 대규모 강세장에서는 십중팔구 주도주로 다시 부상하지 못했다. 만약 주도주나 주도그룹에서 돈을 벌지 못한다면 그 시즌에는 아예 투기로 돈벌 생각을 접어야 한다고 믿었던 리버모어는 주도업종만 따라다녔다.

또한 그는 오랜 경험을 통해 주식의 집단행동이 크든 작든 전체

[그림 5] 루슨트 테크놀로지 _ 1997년 7월 17일~1999년 7월 15일. (너바나시스템 제공)

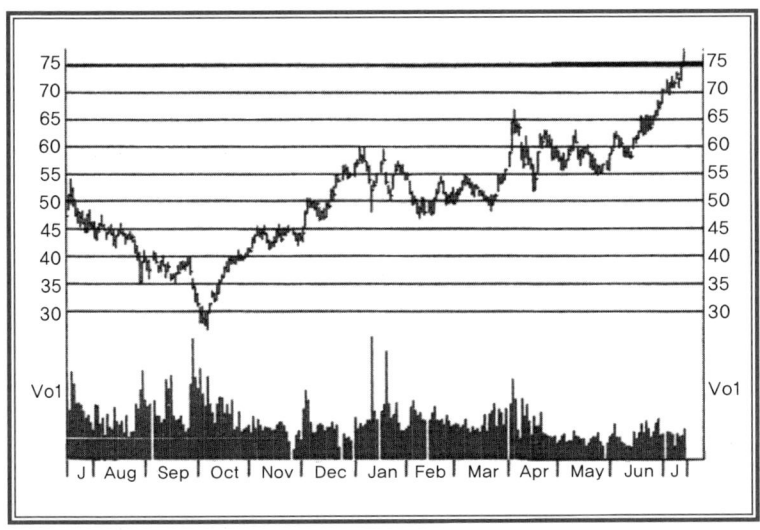

[그림 6] 텔레커뮤니케이션 장비와 서비스 그룹 _ 1997년 7월 17일~1999년 7월 15일.

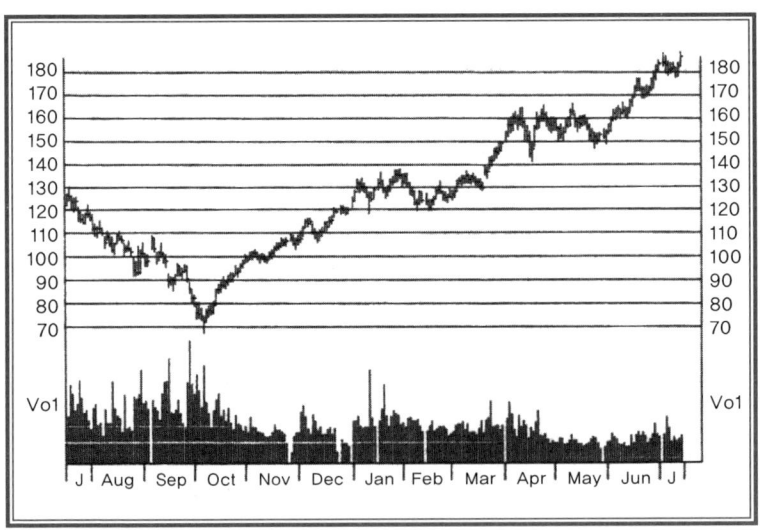

(너바나시스템 제공)

시장의 향방에도 중요한 단서를 제공한다는 사실을 간파했다. 그룹별 행동이 전체 시장의 추세변화를 예측하는 데 중요한 단서가 된다는 것이다. 만약 유망한 그룹이 탄력을 잃고 붕괴한다면 전반적으로 시장에 조정국면이 도래하고 있음을 의미할 확률이 컸다. 항상 주도주들이 가장 먼저 방향을 튼다는 사실에 입각하여 그는 1907년과 1929년의 거대한 추세전환을 알아맞힐 수 있었다. 리버모어는 상품시장에서도 이와 똑같은 그룹행동기법을 활용했다.

숫자로 완성하는 꿈의 교향곡

어느날 리버모어는 사랑하는 두 아들 폴과 제시 주니어로부터 의미심장한 질문을 받게 된다.

"아빠는 주식으로 항상 돈을 버는데 왜 다른 사람들은 잃기만 해요?"

리버모어는 이렇게 설명했다.

"주식시장은 연구가 필요한 곳이라서 건성이 아니라 깊고 철저하게 연구해야만 한다. 사람들은 주식을 살 때보다는 가재도구나 차를 살 때 더 많은 생각을 하는 경향이 있다. 주식시장은 늘 손쉬운 불로소득이 가능한 금광처럼 스스로를 위장해서 사람들을 꾀어낸다. 바로 이런 유혹 때문에 많은 사람들이 바보처럼 굴다가 애써 번 돈을 날리곤 한다."

"주식을 살 때는 브로커한테 주문만 내면 끝이다. 그리고 나중에 전화로 매도주문을 내면 매매가 다 이루어진다. 이렇게 간단한 절차로 수익을 거두는 것이다보니 겉보기엔 불로소득처럼 보인다. 실제로 주식투자를 하기 위해 9시까지 출근할 필요도 없고 하루 8시간씩 일할 필요도 없다. 주식투자는 육체노동이 필요없는 서류상의 작업일 뿐이다. 실제로 부자가 되는 지름길이기도 하다. 노하우는 간단하다. 10달러에 주식을 사서 11달러에 팔면 되는 것이다. 더 많이 거래하면 더 벌 수 있다. 하지만 그렇게 간단하게만 생각하는 게 바로 문제다. 주식시장에서도 무지는 치명적인 독이다."

"투기꾼은 두려움도 다룰 수 있어야 한다. 공포와 폭력은 항상 일상의 뒤안에 숨어 있다. 폭력과 마찬가지로 공포도 눈깜짝할 사이에 사람을 사로잡는다. 공포감에 사로잡히면 생존본능이 발동해서 이성이 왜곡된다. 이성적인 사람들도 뭔가를 무서워하기 시작하면 금세 비이성적으로 행동하게 된다. 사람들은 돈을 잃기 시작하면서부터 공포에 빠진다. 그리고 판단력이 손상되고 만다. 여기까지가 바로 우리 인간들의 진화가 도달한 지점이다. 결코 부정할 수 없는 현실이다. 주식시장에서 살아남으려면 이러한 현실을 항상 기억해야 한다."

"기대와 희망은 실패로 가는 첩경이다. 인간의 기대와 희망은 주식시장에서 탐욕으로 돌변하여 파멸의 동반자가 되어준다. 물론 긍정적으로 생각하고 최선의 결과를 희망하는 것은 인간의 본성이다. 희망은 인간의 중요한 생존기술이기도 하다. 하지만 그 생존기술이 주식시장에서는 종종 탐욕이라는 독약으로 돌변하게 된다. 탐욕은 공포와 마찬가지로 이성을 왜곡시킨다. 주식시장은 사실과 현실, 이성만을 다루는 곳이다. 시장은 단 한 번도 틀리는 법이 없다. 틀리는 건 항상 사람들이다. 룰렛 게임처럼 결국은 조그만 공 하나가 승패의 최종결과를 알려준다. 탐욕과 공포, 희망 따위가 결과를 보장해주지는 못한다. 결과는 객관적이고 일회적이다. 따라서 항의해도 아무 소용이 없다."

대개 정보라는 것은 남이 잘되기를 바라는 선의에 기반하여 흘러다닌다. 정보는 친척, 애인 또는 절친한 친구로부터 흘러나온다. 그 배경과 진의를 정확히 파악하는 건 불가능하다. 리버모어의 원칙은 간단했다.

"모든 정보는 위험하다. 정보는 다양한 모습으로 찾아온다. 그 어떤 것도 취하지 마라."

물론 고의적으로 사람들을 오도하기 위해 제공되고 유포되는 허위정보들도 있다. 이런 정보들은 대개 '절대로 다른 사람들에게 말해주면 안 된다' 하는 식의 다짐과 함께 전달된다. 정보는 그 어떤 곳으로부터도 나올 수 있다. 너무나 그럴듯해서 절대로 반박할 수 없는 형태를 띨 수도 있다. 존경받는 은행가나 왕년의 대가가 정보를 줄 수도 있다. 현재 막강한 영향력을 행사하고 있는 애널리스트가, 실제로 주식시장에서 커다란 포지션을 소유하고 있는 선수들이, 심지어는 해당업체의 경영진이 정보를 제공할 수도 있다. 임박한 인수합병에 관한 소문의 형태로 퍼져나가는 정보들도 있다. 그런 정보들은 특종이나 독점 형태로 신문을 통해 확산되기도 한다.

정보는 십중팔구 논리가 정연하다. 예컨대 이런 식이다.

"우리가 종사하고 있는 업종은 지난 2년간 혹독한 시련을 겪어온 것이 사실이다. 하지만 대중의 반응은 지나쳤다. 우리는 최근에도 크게 나아지는 않았다. 하지만 이것만은 분명히 말하고 싶다. 객관적인 평가에 기초해볼 때, 우리는 현재 주식시장에서 가장 저평가되어 있다."

막대한 자금을 굴리는 사람들이 이런 말들을 곧이곧대로 믿고 투자하는 경우도 비일비재하다. 그런 사람들은 자신의 의견을 뒷받침하기 위해 막대한 포지션을 구축한 후에 대중이 뒤따라오길 기다린다. 이런 경우에는 그 옛날 주식방에서 유행하던 농담이 잘 어울린다.

"주가가 오르는 유일한 방식은, 어떤 얼간이가 앞에서 총대를 매는 것이다."

리버모어는 이렇게 말한다.

"대중은 늘 누군가가 나서서 설명해주고 선도해주기를 원한다.

확신을 원하는 것이다. 대중은 항상 무리를 지어 움직인다. 집단이 주는 안정감을 원하기 때문이다. 대중은 혼자 있는 걸 병적으로 두려워한다. 늑대들이 어슬렁거리는 황량한 들판에서 길잃은 한 마리 양이 되기보다는 양치기와 개가 보호해주는 무리 속에 있고 싶은 것이다."

리버모어가 밝히는 시장의 비밀

둘째아들 폴은 여름방학 때면 자주 리버모어의 사무실에 놀러왔다. 가끔씩 폴은 칠판 위에 주가를 기입하는 일을 해봐도 좋다는 허락을 받았다. 서기들은 어떤 주식의 시세가 갑자기 급변동을 보이면 종종 암호를 사용해 칠판에 이를 재빨리 기록했다. 이는 서기들과 리버모어만이 알 수 있는 비밀기호였다. 나중에 리버모어는 이를 자신만의 거래비법으로 공개하게 된다.

어느날 사무실에 놀러온 아들 폴에게 리버모어가 말했다.

"주변에 있는 시세판을 한번 둘러보렴."

어린 폴은 고개를 돌려 베테랑 무용수들처럼 통로를 바쁘게 오가고 있는 서기들의 움직임을 바라보았다.

"봐라, 아들아. 저기 칠판에 적힌 복잡한 기호들을 해석하는 것은 작곡가가 악보를 보는 것만큼이나 내겐 쉬운 일이란다. 저 기호들은 아름다운 음악을 완성시키는 리듬이나 멜로디처럼 생생하게 살아 있어. 하나하나가 모두 의미있는 기호들이란다. 내게 저 시세판은 음악과 같은 생명체란다. 그래서 의사소통도 가능하지. 훌륭한 오케스트라를 지휘하는 위대한 작곡가처럼 오랜 시간 고된 연습과 실습을 통해 깨닫게 된 거야. 시세판을 보면서 내가 느끼는 감정은 그 누구하고도 공유할 수 없어. 연주자가 모차르트를 연주할 때 느끼는 감정상태를 명확하게 말로 표현할 수 없는 것과 같은 이치란다. 시세판과 저기 있는 서기들은 내게는 교향곡이나 마찬가지야. 내게 노래해주고, 내게 사랑한다 속삭여주고, 나를 아름다운 선율로 감싸주는 황금의 교향곡인 셈이지."

폴은 아버지를 뚫어져라 바라보았다. 아버지가 하는 말 한마디 한마디는 진실해 보였다. 감정표현에 인색하고, 비밀스럽고, 좀처럼 애정을 드러내는 법이 없는 아버지와 함께하는 이 시간이 어린 아들에게는 더없이 소중하게 느껴졌다. 리버모어의 설명은 계속되었다.

"대부분의 거래에서는 나도 대중과 함께 무리지어 움직인다. 그러면서 추세의 변화가 나타나는 시점을 기다리는 것이다. 하지만 추세의 변화가 시작될 때 그것을 포착하고 제때 움직이기란 무척이나 어렵다. 그래서 나는 항상 변화의 단서들을 추적한다. 인기있는 의견이나 집단사고로부터 벗어나 언제라도 역행할 수 있도록 만반의

준비를 하고 있는 것이다. 심각한 추세의 변화는 포착하기 힘들기 때문에 잠깐만 타이밍을 놓치면 나도 대중들과 함께 바닥으로 추락하는 거지."

"항상 거래하려고 하면 안 된다. 나는 그냥 현금만 쥐고 있을 때도 많았지. 시장의 방향성이 모호해서 어떤 확신을 가지기 힘들다면 참을성있게 기다려야 한다. 분명 어떤 변화는 감지되지만 그게 정확히 언제인지, 그 강도가 어느 정도인지 불확실할 때도 현금을 쥐고 있는 게 좋다. 추세에 중대한 변화가 일어나도 많은 투자자들이 심각한 손실을 입는다. 잘못된 방향을 탔기 때문이지. 그런 잘못은 누구나 할 수 있단다. 그래서 나는 예상되는 추세변화의 방향에 맞게 먼저 소량의 주문을 내보곤 하지. 내 판단이 과연 맞는지 틀리는지 작은 포지션으로 테스트해보는 것이다. 척후병 전술이지."

"대규모로 형성되었던 모멘텀의 종말을 감지할 수 있는 시그널도 있단다. 거래량이 터지는데도 주도주의 주가가 정체되어 있거나 신고가를 경신하지 못하는 경우가 대개 변화의 조짐이라 볼 수 있어. 상승이든 하락이든 최근까지 견고하게 지속되던 시세의 연속성이 사라지면 시장이 일종의 경고를 보내고 있는 것으로 봐야 한다. 대개 시장이 정점에 다다르면 주식이 확신에 찬 매수자로부터 우유부단한 매수자에게로, 전문가에서 대중의 손으로 넘어가는 '분산국면'이 출현하게 되지. 이런 식의 거래량 급증을 보고 대중들은 지금이 꼭지나 바닥이 아니라 정상적인 조정국면을 거치고 있다고 믿는다. 제자리를 찾아가는 건강한 시장의 징표로 믿고 속아넘어가는 것이지. 따라서 항상 거래량을 유심히 지켜봐야 한단다. 그것이야말로 거대한 움직임의 종말을 알려주는 핵심지표나 다름없어. 전체 시장에서건 한 종목에 국한해서건 마찬가지야. 오랫동안 지속되던 움직임이 정점에 이르러 큰 조정을 겪기 직전에는 십중팔구 거래량이 폭증하고 갑자기 주가가 치솟기 마련이다.

그러다 어느 순간부터 주춤거리다 결국 힘을 잃고 떨어지기 시작하는 거지. 그리고 대부분 다시는 신고가를 경신하지 못하게 된다. 거래량 급증을 동반한 이 신호야말로 유동성이 없어 처치곤란이었던 대규모 포지션을 정리할 수 있는 호기를 제공하게 되는 셈이지. 사실 상투와 바닥을 잡으려고 노력하는 것은 우매한 짓이란다. 큰 포지션을 가지고 있을수록 추세가 진행되는 도중 거래량이 넉넉한 시점에 정리하는 게 좋단다. 물론 이는 공매도에도 적용되는 원칙이다. 가파르게 주가가 급락한 다음에 공매도포지션을 청산하는 것이 가장 좋다."

"추세선이 방향을 결정한다는 사실을 잊으면 안 된다. 순풍을 타고 자연스럽게 앞으로 나아가야 한다. 맞바람은 피하는 게 좋다. 바람이 없어 표류하는 날은 한숨 돌리면서 낚시를 즐기는 것도 좋다. 그러다 바람이 다시 불기 시작할 때 돛을 올리는 거지. 물론 꾼이 게임을 쉰다는 건 어려운 일이야. 하지만 진짜 꾼은 무엇보다 감정의 균형을 지킬 줄 아는 사람이다."

"바닥에 사서 꼭지에 팔려고 애쓰지 마라.
그냥 적기에 사서 적기에 팔면 이길 수 있다."

8

리버모어가 말하는 작전세력

작전세력은 대중의 희망과 관성을 이용한다

대중을 생리를 이용하는 세력의 생리

시세조작은 20세기 초의 미국증시에 만연한 풍속도였다. 당시만 해도 이런 종류의 거래를 금지하는 제도는 거의 없었다. 제임스 키니, 제이 굴드, 코넬 반더빌트와 같은 위대한 작전꾼들의 전략은 간단명료했다. 주가를 가능한 한 높이 끌어올려 거래량이 폭증하면 상투에 올라탄 채 팔기 시작하는 것이다. 투자자를 오도하는 허위정보를 고의적으로 퍼뜨리지 않는 이상 이런 거래는 법적으로 전혀 하자가 없었다. 다만 작전세력 내부자들끼리만 주식을 사고파는 위장

매매는 불법이었다. 이것은 일종의 통정매매(通情賣買)로서, 왼손에서 오른손으로 주식이 왔다갔다하면서 주가를 상승시키는 방식의 주가조작이라 할 수 있다.

주가의 움직임을 조작하여 농간을 부리는 것에 대해서라면 리버모어는 그 모든 술수와 속임수를 알고 있었다. 작전에 관한 한 리버모어 역시 누구 못지않은 선수였다. 작전에 가담하라는 요청에 대처하는 리버모어의 원칙은 단순했다. 상황이 좋다는 확신이 있으면 흔쾌히 작전세력에 합세하는 것이다. 다만 작전에 본격적으로 가담하기 전에 굳건한 상승의 발판을 먼저 마련해두곤 했다. 어마어마한 양의 작전주를 시장에 무리없이 풀 수 있도록 사전준비작업을 하는 것이다.

리버모어는 본격적으로 작전에 뛰어들기 전에 먼저 종목에 대한 평가를 진행했다. 회사가 충분히 유망한지, 그래서 정당한 방법으로도 주가를 부양할 수 있는지 확인하기 위한 절차였다. 부도 가능성이나 지속적인 손실 가능성에 대한 점검도 필요했다. 평가가 끝나면 최종결정을 내리기 전에 예의 '척후병 전술'로 주가의 움직임을 사전에 테스트해보곤 했다. 물론 전반적인 시장의 추세가 긍정적인 상황이어야 한다는 조건도 있었다. 약세장에서는 아무리 정교한 주가조작도 실패로 끝나기 마련이다.

일단 세력에 가담하더라도 리버모어는 항상 아군을 경계했다. 때로는 주가조작의 어려움보다 같은 편에 서 있는 파트너들이 더 골 칫거리가 되곤 했기 때문이다. 작전꾼들은 때때로 같은 작전꾼까지 물먹이려 들었다.

작전세력들에게 자신의 존재를 드러내고자 할 때 리버모어가 주로 활용하는 수단은 주가테이프였다. 그는 친구들에게 종종 이렇게 말했다.

"주가테이프야말로 정보를 퍼뜨리는 최고의 수단이지."

특정 종목이 거래량 급증과 주가 급등세를 보이는 등 정상적인 패턴에서 벗어난 양상을 보이게 되면, 주가표시기를 통해 시세정보를 받아보는 수천 명의 투자자들이 이를 즉시 알아차리게 된다. 다른 투자자들의 관심을 증폭시켜 새로운 투자자들을 자기편으로 끌어오는 전술이다. 이러한 수법을 그들은 '도배(painting the tape)' 라 불렀다.

주가의 급등과 거래량의 변동이 작전세력의 농간이라는 것을 눈치채고 반대포지션으로 베팅하려는 공매도꾼들의 존재도 경계의 대상이었다. 공매도꾼들을 요리하려면 적절한 시점에 주가를 더 높이 끌어올려 질식사시키는 방법밖에 없었다. 결국 그들도 더 이상 버티지 못하고 주식을 사들여 공매도를 청산해야 한다. 결과적으로 그들의 퇴각은 주가를 더욱 치솟게 한다.

사람들은 한 번 발생한 일이 계속해서 발생할 것이라 믿는 경향이 있다. 작전세력은 바로 대중의 이러한 생리를 이용한다. 실제로 갑자기 시세가 살아나기 시작한 주식은 상당기간 꾸준히 오르는 경향이 있다. 이러한 시세는 내부자들에 의해 미리 신중하게 준비되고 기획된 경로를 통해 유포되는 갖가지 소문들에 의해 더욱 탄력을 받는다.

주가가 움직이기 시작하면 투기꾼들과 함께 일반투자자들의 탐욕도 팽창한다. 리버모어는 잠자고 있는 주식을 건드려 시세에 생명력을 불어넣는 이러한 작업을 좋아했다. 하지만 추세에 대한 확신이 생기기 전까지는 결코 움직이지 않는다는 원칙만은 깨지 않았다. 그렇게 하지 않으면 아무리 세력의 힘이 강하더라도 주가를 끌어올릴 수 없다고 믿었기 때문이다.

통상적인 매매에서 그는 시장이 올라가고 있을 때 주식을 던지기 시작하지만, 작전에 가담할 때는 평소의 방식과는 달리 최고점과 하락세 사이에서 주식을 풀었다. 그럴 때 만약 주가가 너무 빠르게 빠지기 시작하면 그는 일단 매도를 멈추고 일반투자자들이 다시 모여들 때까지 주식을 일부러 조금씩 사들여 지지하는 모습을 연출하기도 했다. 그는 일반적인 투자자들의 심리를 꿰뚫고 있었다. 대개의 투자자들은 주가가 정점에 올랐을 때 꼭대기에서 팔고자 하는 욕심 때문에 오히려 타이밍을 놓쳐 결국은 많이 하락한 후에도 팔지 못하게 된다. 이러한 생리를 잘 알고 있던 리버모어는 주가가 너무 심하게 빠진다 싶으면 포지션을 유지한 채 강력한 반등랠리를 기다렸다. 이윽고 반등이 시작되더라도 그는 주가가 다시 과거의 고점에 다다를 때까지 기다렸다가 매도에 나섰다.

누구나 되도록이면 주식을 헐값에 사고자 한다. 주식을 싸게 사서 비싸게 팔고자 하는 것이야말로 투자자들의 본성이다. 하지만 사람들은 며칠 전보다 가격이 낮아졌다는 단순한 이유로 자신이 싸게 샀다고 생각한다. 하지만 주가는 얼마든지 더 떨어질 수 있다. 현명한 투기꾼은 주가가 바닥을 확고히 다질 때까지 기다릴 줄을 안다. 그리고 리버모어처럼 매수하기 전에 한 번 더 시장을 테스트해보는 것이다.

하락세에서 주식을 팔 때는 타이밍이 생명이다. 효율적으로 물량을 처분하려면 매우 정교한 접근법이 필요하다.

"자고 있는 주식을 깨워 주가가 스스로 자신의 회생을 광고하게 하라. 주가로 하여금 스스로 정보를 흘리게 하라. 오를 때 팔지 말고, 내릴 때 팔아라. 이것이 바로 대규모 작전세력들이 주가를 조작해 대량의 매물을 처분하는 수법이다."

인간의 본성은 결코 변하는 법이 없기 때문에 이 기법은 오늘날에도 여전히 유효하다.

작전에도 상도의는 있는 법

1922년 6월 잡화점 체인 피글리위글리가 뉴욕증권거래소에 상장되었다. 이 소매체인의 설립자이자 오너인 클레런스 손더스는 테네시 주 멤피스 출신의 40살 먹은 뚱보였다. 그런데 피글리위글리의 첫 거래가 시작되자마자 매수세가 신속하게 사그라들며 주가가 급락하기 시작했다.

자기 회사의 주가수준에 기분이 언짢아진 손더스는 현금으로 1,000만 달러를 들고 월스트리트로 달려와 곧바로 리버모어를 찾았다.

"리버모어 선생, 내 회사 주가를 끌어올리고 싶소. 총알은 1,000만 정도요. 하시겠소?"

"현재가가 35달러쯤 되는 걸로 알고 있는데… 더 원하십니까?"

"물론이오. 50달러로 개시했으니 지금은 너무 저평가된 거요."

"풀려 있는 물량이 얼마나 됩니까?"

"유통물량은 20만 주요. 나머지는 내가 갖고 있소."

"언제 시작했으면 하십니까?"

"당장 내일부터 시작하면 무슨 문제라도 있소?"

"며칠만 더 주시지요. 몇 가지 확인할 것이 있습니다."

"좋소. 그나저나 보수를 얼마로 할지 논의해봐야 하지 않겠소?"

"보통 저는 수수료를 받지 않습니다. 대신에 콜옵션을 받습니다. 하지만 이번 건은 좀 특별해 보이는군요. 수수료는 적당한 선에서 나중에 논의해보는 걸로 하시죠."

시황을 면밀히 체크해본 리버모어는 며칠 만에 손더스와 다시 마주했다.

"좋습니다, 손더스 씨. 해볼 만하겠습니다. 상승분의 20%를 제게 주세요."

"적당한 것 같소. 당장 진행할 수 있겠소?"

"내일부터 시작하겠습니다."

다음날 리버모어는 손더스가 가져온 1,000만 달러의 자금을 풀어 장내에서 조용히 주식을 사들이기 시작했다. 매집이 시작되고 첫 번째 주말까지 그는 전체 유통물량 20만 주 중에서 10만5,000주를 사들였다. 그는 손더스를 찾아갔다.

"손더스 씨, 유통물량의 반 이상을 사들였는데도 요지부동입니다. 아직도 35달러에 머물러 있군요."

"젠장! 그게 대체 무슨 말이요?"

"사장님의 주식이 투자자들의 관심을 전혀 끌지 못하고 있다는 뜻입니다."

"이런 망할! 그럴 리가 없소! 내가 준 돈을 사용하란 말이오. 그러라고 준 거니까! 내 주식의 가치가 35달러밖에 안 된다니 도대체가 말이 안 되지 않소! 무슨 수를 써서라도 주가를 끌어올리시오!"

리버모어는 다시 주식시장으로 돌아가 1923년 3월까지 주가를 70달러까지 올려놓았다. 이제 그는 자신의 투자경력에 있어 가장 중요한 결정을 내려야 할 순간에 직면했다. 월스트리트는 진작부터 피글리위글리가 매집되고 있다는 것을 알고 있었다. 물정이 어두운 투자자들조차 이번 작전을 알고 있었다. 보유주식을 처분하고 싶어 안달이 난 손더스가 주도하는 작전세력에 의해 대규모 매집이 진행되고 있다는 사실은 이미 공공연했다. 사정이 그렇다 보니 발빠른 투기꾼들은 피글리위글리를 공매도하기 시작했다. 주가가 높을 때 주식을 빌려 매도하고, 주가가 폭락하면 다시 사들여 갚으면서 생기는 폭리를 노린 것이다.

20만 주의 유통물량 중에서 19만8,000주까지 매집했을 때에야 리버모어는 사태의 심각성을 알아차렸다. 월스트리트의 수많은 투기꾼들이 피글리위글리에 대해 공매도포지션을 취하고 있었다. 문제는 월스트리트에 있는 그의 친구들도 거기에 가담해 있다는 점이었다. 리버모어가 고민에 빠져 있을 때 손더스가 리버모어를 찾아왔다.

"리버모어 선생! 정말 훌륭하오! 주가가 70달러까지 치솟았고, 이제 시중에는 사려야 살 수 있는 주식이 하나도 없소. 이제 공매도로 빌려간 주식을 당장 갚으라고들 전하시오."

"그렇게 되면 주가가 천정부지로 …."

"바로 그거요! 우리가 원하는 만큼 끌어올리는 거요!"

손더스가 통쾌하다는 듯 웃음을 터뜨렸다.

"그 잘난척하는 월스트리트 놈들에게 내 주식을 조금 던져주고 싶은 마음이 생길 때까지 마구마구 올리는 거요!"

"그렇게는 못합니다. 현명한 행동이 아닙니다."

"그렇게 하지 못하겠다니, 지금 대체 무슨 말을 하는 거요? 우리는 계약을 맺었소!"

"제 주위에 있는 친구들이 너무 많이 걸려들었습니다. 저는 친구들을 매장시키려고 거래를 하는 것은 아닙니다."

"리버모어 선생! 지금 제정신이오? 선생이 매집하는 주식을 공매도한 자들이 어떻게 당신 친구가 될 수 있단 말이오?"

"그게 게임입니다. 시장은 결국 그런 식으로 균형을 찾게 마련입니다."

"그건 당신의 게임이지, 내 게임은 아니잖소? 그자들이 먼저 내 주식을 무시했으니 이젠 대가를 치를 차례요."

손더스가 계속 따졌지만 리버모어는 요지부동이었다. 의뢰인으로서는 애가 탈 수밖에 없었다.

"리버모어 선생, 한 가지만 물어봅시다. 주가를 더 끌어올리는 것이 현명하지 못하다는 말은 대체 무슨 뜻이오?"

"주가가 갑자기 치솟게 되면 다른 투자자들은 이것이 공매도세력을 응징하기 위한 매집작전이라는 것을 알게 될 것입니다. 그러면 주식에 대한 실수요가 사라질 것이고 사람들은 관심을 접겠지요. 궁극적으로 주가는 자유낙하를 할 겁니다."

"말도 안 되는 소리! 그건 선생의 친구들을 위해서 하는 말이겠지요. 일단 덜미를 잡았으니 이제부터 철저하게 응징할 거요. 그 작자들이 언제 나한테 자비를 베푼 적이 있소? 그리고 무엇보다 중요한 건, 이번이 내가 월스트리트에서 벌이게 될 처음이자 마지막 거래라는 거요. 나는 당신처럼 언제든지 주무를 수 있는 수백 종목을 가지고 있는 거물이 아니오. 게다가 당신의 몫은 20%나 되지 않소. 이런 상황이라면 주가를 100달러 이상 끌어올리는 것도 식은죽먹기요. 선생도 막대한 돈을 벌 수 있잖소?"

"정 원하신다면 그렇게 하시죠! 하지만 저는 이번 일에서 빠지겠습니다."

"다니엘 드류가 오래전에 공매도꾼들을 향해 던진 말을 들어보지도 못했소? 가지고 있지도 않은 주식을 팔아먹은 자들은 얼른 사서 되갚든지 아니면 감옥에 가야 한다!"

"예, 저도 들어본 적 있습니다, 하지만 이런 말도 알지요. 다른 사람이 내게 하지 말았으면 하는 일을 다른 사람에게도 하지 마라. 저는 손더스 씨와 달리 앞으로도 이 바닥에서 오랫동안 먹고살아야 하는 사람입니다."

"흠, 그게 정녕 선생의 뜻이라면 할 수 없군요. 행운을 빌겠소. 어쨌든 도와줘서 감사하오. 수고가 많았지만 한 푼도 드릴 수 없게 됐으니 유감이오."

"다른 기회가 있겠지요. 그럼 안녕히 가세요, 손더스 씨."

다음날 손더스는 결국 제뜻대로 행동했다. 공매도진영을 향해 모든 주식을 현물로 갚으라고 통보한 것이다. 불과 몇 시간 만에 주가는 70달러에서 124달러로 치솟았다. 그런데 손더스가 공매도세력을 궁지에 빠뜨리기 위해 매집작전을 펼치고 있다는 소문은 이미 월스트리트에 파다했다. 이것은 개정된 증권거래법 위반행위였다. 급기야 이 소문은 증권거래소 운영위원들의 귀에 흘러들어갔고, 그날 오후 피글리위글리 주식의 거래는 정지되었다. 소문이 사실인 것으로 드러나자 주가가 빠지기 시작하더니 순식간에 82달러가 되었다. 덕분에 리버모어의 친구들은 안전하게 빠져나올 수 있었다.

손더스는 훗날 파산하게 된다. 그는 승리를 코앞에 둔 상황에서 사기꾼 리버모어와 그의 엿같은 친구들 때문에 완전히 망해버렸다는 얘기를 쉴새없이 떠들고 다녔다.

상투는 개인이 만들고 바닥은 세력이 만든다

"경험이 많든 적든 많은 투자자들이 이러한 작전에 말려들어 큰 낭패를 본다. 사람들은 작전세력들이 주가를 부양해서 순식간에 하늘로 치솟게 할 것이라 믿는다. 물론 오산이다. 주가를 부양하는 건 작전세력이 아니라 바로 대중들 자신이다. 주가가 신고점을 기록하고 상투를 친 다음 주춤거리다 하락하기 시작하는 바로 그 순간, 작전꾼들은 주식을 처분하고 개미들은 작전꾼들이 처분한 바로 그 주식을 받아먹으며 주가를 지탱하게 된다. 바로 이 때문에 한 번 고점을 돌파한 주식이 또다른 신고점을 기록하지 못하게 되는 경우도 많다. 선수들이 빠져나가버린 시장에 흘러다니는 물량이 너무 많기 때문이다. 때로는 물량처분에 대한 정보가 새거나 또다른 작전 때문에 주가가 오르지 못하는 경우도 있다."

이렇듯 리버모어는 시장의 습성과 투자자의 생리를 경험을 통해 꿰뚫고 있었다. 그가 신고가의 의미를 중요하게 생각하는 것도 바로 그 때문이었다. 진정한 신고가는 주식이 모든 매물부담을 이기고 다시 매집되기 시작하여 추세선이 강하게 상향하기 시작하는 시점을 의미한다. 중요한 것은, 1920년대에 이런 생각을 하는 사람은 리버모어가 유일했다는 사실이다. 사람들은 대부분 주가가 신고점을 기록하면 즉시 팔아치우고 다시 싼 주식을 찾아나섰다.

"주식시장은 거의 언제나 사람들을 곤경에 빠뜨리도록 고안되었다. 손실은 신속하게 잘라내라. 포지션을 처분해야 할 적당한 이유가 생기기 전까지는 수익에 전념하라. 시장의 선지자, 주도주를 매매하라. 주도주의 고점이 상향돌파되고 신고가를 기록할 때 매수하라. 성장잠재력이 없는 저가주는 진정한 저가를 알 수 없다. 주식시장은 영원히 오르는 법도 없고 영원히 내리는 법도 없다. 그러나 시장이 일단 방향을 바꾸면 멈추기 전까지 새로운 추세를 유지하게 된다. 추세를 거스르지 마라."

1922년 10월, 절친한 친구인 도헤니와 함께 매머드오일의 해리 싱클레어가 리버모어를 찾아왔다. 매머드오일의 주식 15만1,000주를 주당 40달러에 유상증자할 계획이었던 그들은 리버모어를 통해 수급에 큰 충격을 주지 않고 물량을 처분하고 싶어했다. 매머드는 싱클레어오일의 자회사로 미 해군으로부터 원유를 리스받는 안정적인 사업을 운영하고 있었다. 사실 이 오일 리스 사업은 당시 내무부장관이었던 앨버트 폴의 직접적인 특혜를 받은 것이었고, 훗날 이 유착관계는 결국 공직자 비리 스캔들로 이어지게 된다.

일단 리버모어가 개입되었다는 소문이 돌자 즉시 증자물량 이상으로 수요가 몰리기 시작했다. 주당 43달러에 8,000주로 시작된 첫날 장에서 매머드오일은 종가 40.75달러에 거래량 4만 주로 마감했다. 그 후로도 매매가 원활하게 이어져 그들은 불과 3일 만에 15만1,000주를 모두 소화할 수 있었다.

그가 마지막으로 작전에 가담한 사례는 포리스트라디오(De Forest Radio company)의 신규상장 건이었다. 물량은 7만5,000주,

1924년 11월 8일에 주당 21달러로 상장되었다. 상장은 과열청약이 이루어질 정도로 성공적이었으며, 나중에 포리스트라디오는 뉴욕 커브마켓(New York Curb Market)에도 등록되었다.

1924년은 상업용 라디오가 사상최초로 출시되어 월스트리트에서도 폭발적인 관심이 몰리던 때였다. 라디오와 관련된 주식이라면 닥치는 대로 매수하는 '묻지마 투자'의 가장 큰 수혜자가 바로 포리스트라디오였다. 그러나 포리스트는 나중에 부도를 맞게 된다.

9

리버모어의 성공투자비법

시간은 투기의 처음이자 끝이다

"분석이 무조건 돈을 벌게 해주는 것은 아니다. 지그시 앉아서 기다리는 것, 바로 그것이 돈을 벌어다준다."

이 말을 잘못 해석한 많은 사람들은 리버모어가 주식을 사서 무조건 오를 때까지 기다리라고 했다고 말한다. 하지만 이는 명백한 오역이다. 리버모어는 주식을 거의 보유하고 있지 않거나 아예 한 주도 보유하지 않고 현금만 쥐고서 적당한 환경이 조성되기를 기다린 적도 많았다. 완벽한 타이밍이 스스로 자기 모습을 드러낼 때까지 리버모어는 매매를 하지 않았다. 모든 조건들이 갖춰져 될 수 있는 한 많은 가능성들이 자신의 편에 섰을 때, 그제서야 리버모어는 행동을 개시하곤 했다. 일단 확신이 생기면 그는 불 같이 밀고나갔다. 그가 괜히 '몰빵소년'으로 불렸던 게 아니다.

1940년에 출간된 『주식투자기법』이라는 책에서 밝힌 것처럼, 그의 매매결정은 언제나 명료했다.

"추세전환점의 주가움직임을 해석할 수 있는 투기꾼은 처음부터 바른 길을 간다는 확신을 갖고 집중할 수 있다. 그러나 명심해야 할 것은, 주가가 일단 추세전환점을 지난 후 원래 예상되었던 움직임을 벗어나게 되면 중요한 위험신호로 받아들여야 한다는 점이다. 나는 추세전환점 분석이 믿기 어려울 정도로 매혹적이라는 사실을 발견했다. 당신 역시 추세전환점 분석을 통해 개인적 차원에서 할 수 있는 주가분석의 최고봉을 발견하게 될 것이다. 오로지 자신의 판단에 기반한 성공적인 매매로 순수한 즐거움과 만족을 얻을 수 있을 것이다. 이런 식으로 얻어낸 수익이, 기타 정보나 다른 사람의 가이드로 얻어낸 수익보다 훨씬 더 유쾌한 것임을 알게 될 것이다. 스스로 발견하고, 자신만의 방법으로 매매하고, 인내하고 그리고 위험신호에 유념한다면 당신도 얼마든지 자신에게 적합한 분석기법을 개발할 수 있다. 인내심을 잃어버리고, 추세전환점을 기다리지 못하고, 손쉬운 수익의 유혹에 넘어갈 때마다 나는 항상 돈을 잃었다."

일중반전을 주목하라

"나는 주가변동의 대부분이 매매기간의 마지막 2주 즈음에 발생한다는 사실을 알게 되었다. 그건 상품시장에서도 마찬가지였다. 다시 한 번 강조하지만, 그래서 투기꾼은 인내할 줄 알아야 한다. 포지션을 구축하고 기다리는 것이다. 하지만 시장의 움직임에 대한 단서가 포착되었을 때 즉시 반응할 수 있도록 촉각은 항상 곤두세우고 있어야 한다. 그 단서가 나에게 유리한 것이든 불리한 것이든 말이다."

간혹 숨을 멎게 할 정도로 리버모어를 긴장하게 했던 위험신호는 '일중반전'이었다. 이것은 아주 오랫동안 형성되었던 주가움직임의 막바지에 주로 나타나는 현상이었다. 일중반전의 패턴은, 일중고가가 전일고가보다 더 높게 형성되었지만 종가는 전일종가보다 낮게 형성될 때 발생한다. 이럴 경우에 거래량은 전일거래량보다 많게 된다.

[그림 기이 일중반전의 한 예를 보여준다. 슈왑이 추세선을 따라 상승하던 기간에는 내내 정상적인 움직임만 발생했다. 그러다 갑자기 주가는 추세선을 이탈해 3일 동안 15포인트 이상 드라마틱하게 상승하는 급등세를 연출한다. 상승이 최고조에 이른 날, 장마감 즈음에 랠리는 막바지에 이르고 갑자기 주가가 급락해 장중최저가 근

[그림 7] 찰스 슈왑 코퍼레이션 _ 1997년 7월 15일~1999년 7월 15일. (너바나시스템 제공)

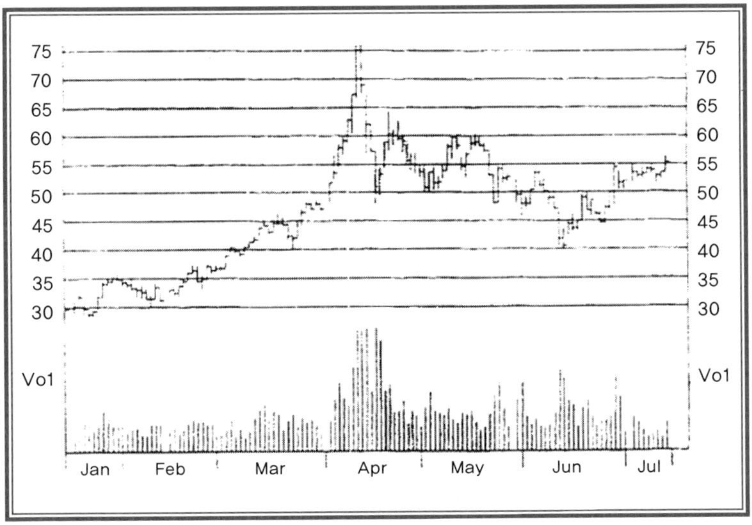

처에서 마감된다. 다음날 장이 시작되자 주가는 더 하락한다. 이러한 일중반전 패턴은 거래량 증가를 수반한다. 이러한 시나리오는 리버모어에게는 매우 공포스런 위험신호였다.

"어떤 투자자가 주가 상승기간 내내 섣불리 매도하지 않고 기다릴 수 있을 정도로 인내심을 가지고 있다면, 일중반전 패턴이 발생했을 때 위험신호를 인지하고 주식매도를 고려할 정도의 용기도 가지고 있어야 한다."

이러한 추세전환이론 덕분에 리버모어는 대체로 정확한 타이밍에 매매할 수 있었다. 그는 결코 바닥에 사서 꼭지에서 팔려고 하지 않았다. 그는 그냥 적기에 사서 적기에 팔기를 원했다. 이런 식의 매매는 완벽한 매매시점이 도래할 때까지 기다리는 인내심을 필요로 한다. 리버모어는 특정 종목에서 이런 패턴이 형성되지 않더라도 크게 신경쓰지 않았다. 왜냐하면 그 패턴은 조만간 다른 종목에서라도 나타날 것이기 때문이다. 인내, 인내, 인내…. 이것이야말로 타이밍을 포착하는 열쇠였다. 1929년의 대폭락은 리버모어에게 추세전환 이론에 대한 신뢰를 확인하는 계기가 되었다.

"투기꾼에게 타이밍은 생명이다. 주가가 움직일지, 움직이지 않을지는 결코 중요하지 않다. 중요한 것은 과연 언제, 어떤 방향으로 움직일지를 아는 것이다. 내가 주식거래를 할 때 핵심열쇠로 삼는 것은 추세전환이다. 그런데 이러한 매매기법은 사실 1920년대에서 1930년대 초까지는 공식적으로 거의 알려지지 않았다. 추세전환은 시장에 들어가고 나올 시점을 가늠하는 도구라고 할 수 있다. 추세전환은 늘 내게 최적의 타이밍을 알려주었다. 추세전환점은 거의 항상 대량거래를 수반하게 되는데, 이 지점에서는 매수가 절정을 이루면서 집중적인 매도세력과 맞닥뜨리게 되는 것이다. 물론 반대로 얘기할 수도 있다. 이 전투, 그러니까 매수세력과 매도세력 사이의 전투는 주가의 방향을 반대로 돌려세워 상투를 치거나, 주가가 내려가고 있을 때는 바닥을 치게 만든다. 그건 새로운 방향의 탄생을 의미한다. 이러한 추세전환은 거래량으로 확인할 수 있는데, 대체로 일평균거래량이 100%에서 500% 정도의 증가율을 기록하게 된다."

추세전환의 매커니즘

추세전환은 보통 장기간의 추세적 움직임이 진행된 이후에 나타난다. 그래서 시장의 큰 움직임을 제대로 잡아내려면 반드시 인내심이 필요하다. 리버모어는 추세전환점을 제대로 찾아냈는지 확인하기 위해 자신만의 몇 가지 테스트 방법을 개발했다.

먼저, 정찰대를 보내는 방법이다. 원래 마음먹은 포지션의 일정부분만 매수해 자신의 판단이 맞는지를 시험하는 것이다. 리버모어는 모든 산업군의 주가 움직임을 확인하거나, 그것이 여의치 않으면 적어도 한 산업군 내의 주도주 한 종목이라도 골라 주가패턴이 자신의 판단과 비슷한 움직임을 보이는지 반드시 확인하는 과정을 거쳤다.

두 번째, 그는 '지속형 추세'에 특히 주목했다. 지속형 추세는 분명한 추세를 가지고 움직이는 주식에서 자연스럽게 나타나는 움직임이다. 이것은 현재 진행되고 있는 주가움직임 하에서 간접적으로 진입시점을 제시하거나 추가포지션의 타이밍을 제공한다. 지속형 추세는 조정세를 접고 기존 방향과 같은 방향으로 지속적으로 나아가겠다는 의지를 보여주는 것이다.

"시장에서는 너무 비싸서 사지 못할 주식도 없고, 너무 싸서 팔지 못할 주식도 없다. 지속형 추세 신호를 탐색하면서 새로운 포지션을 구축할 수 있는 기회를 포착하거나, 이미 포지션이 있는 경우에는 추가포지션을 쌓을 수 있는 기회를 찾으면 된다. 이미 내 손을 떠난 주식은 그냥 깨끗이 포기해야 한다. 주가를 따라다니기보다는 값을 더 치르더라도 주가움직임이 재배열되어 새로운 지속형 추세가 형성되기를 기다리는 편이 좋다. 왜냐하면 지속형 추세 패턴은 주가가 기존의 움직임을 지속할 가능성이 크다는, 말하자면 일종의 보험이기 때문이다."

리버모어는 이 추세패턴 이론을 적용하여 공매도에서도 계속 수익을 낼 수 있었다. 지난 1년간 또는 그 이상 지속적으로 신저가 행진을 계속해온 주식이 추세전환에 실패하는 경우를 찾아보는 것이다. 그는 주가가 반등 기미를 보였다가 실패하고 이전의 저점을 재차 하향돌파했다면 그 주식은 새로운 저가행진을 계속할 가능성이 크다고 보았다.

추세패턴을 정확히 짚어내면 큰 움직임이 시작되는 초입국면에서 적당한 가격에 매수를 할 수 있게 된다. 리버모어의 경우에는 그런 방식으로 원금손실은 전혀 없이 주가의 자연스러운 변동을 따라 매매할 수 있었다. 주가가 전환점으로부터 움직이기 시작해 수익이 나면, 그는 평가익만큼만 베팅했기 때문에 남은 원금은 고스란히 유지할 수 있었다.

"초보시절에 잘못된 타이밍을 잡아 큰 손실을 입었던 경험을 바

탕으로 나는 추세전환에 관한 새로운 이론을 발전시킬 수 있는 단서를 얻었다. 추세전환점이 형성되기 전에 매수하는 건 시기상조일 수 있다. 그건 매우 위험한 일이다. 적당한 추세전환점을 만들지 못한다는 것은 명확한 방향성을 제시하지 못한다는 말이다. 만약 초기 추세전환점 이상에서 5% 내지 10% 이상을 매수했다면 이미 너무 늦은 셈이다. 움직임이 이미 진행중이라서 감각을 잃은 것이다. 사실 매매의 성공에 필요한 정보는 추세전환점이 다 제공해준다. 하지만 주식이 논리적이고 당연했던 자신의 행로를 벗어나기 위해서는 시간을 필요로 한다. 그래서 투기꾼에게 인내가 필요한 것이다. 내 이론의 핵심은 바로 추세전환점에서만 매매한다는 것이다. 인내심을 가지고 추세전환점을 기다리면 항상 수익을 낼 수 있다. 다만 시장이 가시적으로 증명해주기 전까지는 절대로 행동을 취해서는 안 된다. 시장이 호각을 불기 전까지는 결코 자금을 움직이지 말라는 것이다."

리버모어는 자신의 추세전환 이론을 상품거래에도 그대로 적용했다. 누구나 할 수 있는 방법은 아니었지만, 어쨌든 그것은 리버모어식 매매전략의 핵심이었다. 그는 이런 언급을 한 적이 있다.

"미래에는, 추세전환점을 완벽하게 이용하려면 아마도 훨씬 더 많은 것들이 필요하게 될 것이다. "

추세전환점은 중요한 확인신호다. 시장은 가끔씩 투기꾼들의 예측과 정반대로 움직인다. 이럴 때 진정한 투기꾼이라면 즉시 자신의 입장을 포기하고 시장의 움직임을 따라가야 한다. 진정한 투기꾼들은 절대로 시세와 다투지 않는다. 시장은 결코 틀리는 법이 없지만, 투기꾼의 의견이나 주장은 자주 틀린다.

신고가는 언제나 리버모어에게 낭보였다. 그에게 있어 신고가란 주가가 저항을 상향돌파하는 것을 의미했고, 추가적인 상승을 의미했다. 그는 사실 차티스트가 아니었다. 하지만 그는 모든 것을 수치적인 토대 위에서 계산했다.

[그림 8]과 [그림 9]는 리버모어의 말처럼 전형적인 신고가 돌파의 몇 가지 형태를 보여준다. 리버모어는 수리적으로 계산하여 대응했겠지만 여기서는 편의상 차트를 사용해보자. [그림 8]은 가전, 설비, 게임용 소프트웨어 소매유통업체인 베스트바이(Best Buy)가 1998년 12월에 30달러대의 오랜 횡보세를 깨고 지속했던 신고가 행진을 보여준다. [그림 9]은 통신장비 제조업체인 노텔네트웍스(Nortel Networks)가 1998년 9월에 30달러에서 강한 추세전환점을 형성한 다음 1999년 4월에 사상최고가인 65달러까지 폭등하는 모습을 보여준다.

어째서 이런 식의 패턴이 저절로 반복되는지는 알 수 없다. 리버모어의 책 『주식투자기법』에서 그는 그 이유를 인간본성의 문제로 설명한다.

[그림 8] 베스트바이 _ 1998년 7월 15일~1999년 7월 15일. (너바나시스템 제공)

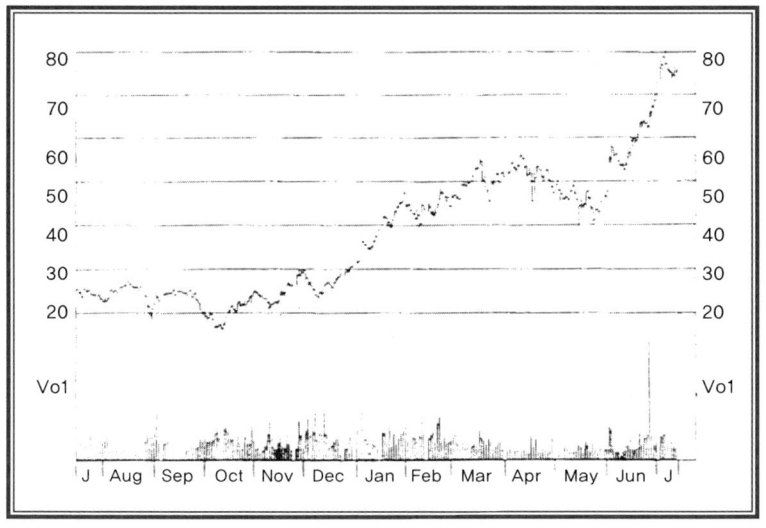

[그림 9] 노텔네트웍스 _ 1998년 7월 15일~1999년 7월 15일. (너바나시스템 제공)

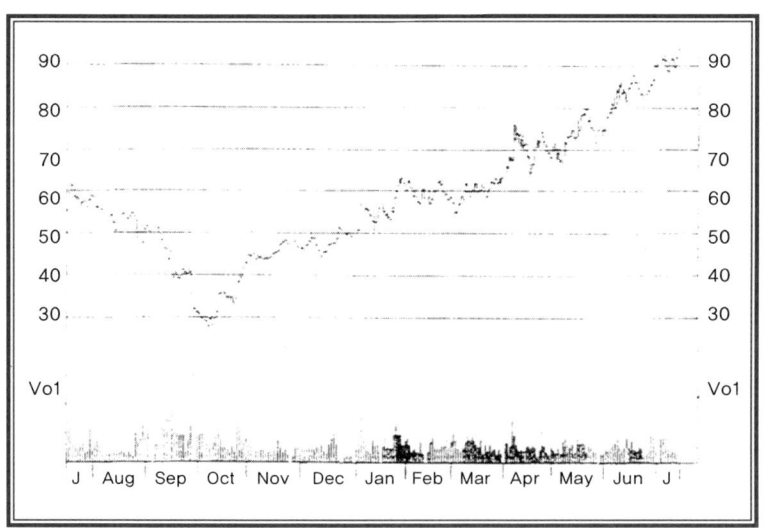

"역사적으로 인간은 탐욕과 공포, 무지와 희망 때문에 시장에서 동일한 행동양식을 보여왔다. 그것이 바로 수치적인 형태와 패턴이 지속적으로 반복되는 이유다."

업종동향과 선도주의 상관관계를 통해 시장을 읽는 방법

전반적인 시장과 산업군에 대한 타이밍을 잡을 때 리버모어는 항상 시장선도주의 움직임에 유의했다. 그는 사무실 칠판 위에서 선도주들의 시세가 움직이는 것을 매처럼 날카로운 눈으로 매일 주시했다. 주도주들의 움직임을 추적하면 시장의 전반적인 방향성과 관련하여 매우 강력한 타이밍 단서를 포착할 수 있었다. 그리고 주도산업군의 주도주를 소량매매해봄으로써 어떤 산업군이 뜨고 어떤 산업군이 지고 있는지를 확인할 수 있었다.

그에게 있어 주도주들은 '다우지수'나 마찬가지였다. 주도주 그룹이 비틀거린다는 것은 곧 시장의 경고신호였고, 이럴 때마다 그는 시장의 전반적인 방향성을 읽고자 신경을 곤두세웠다. 이러한 신호는 주도주들이 신고가 행진을 멈추고 정체할 때, 가끔씩은 전반적인 시장이 방향을 돌리기 직전에 방향을 틀면서 나타났다.

1907년과 1929년의 대폭락 당시 리버모어에게 중요한 타이밍 단서를 제공한 것이 바로 이러한 신호들이었다. 주도주들이 비틀거리며 방향을 틀기 시작했고, 매수세가 시장 전반으로 확산되면서 이 등주들도 각광을 받았다. 잡주들을 향한 광란의 투기는 리버모어에 게 많은 것을 시사해주었다. 그는 전에도 대폭락 장세를 경험한 적 이 있었기 때문이다.

리버모어는 주도주를 따라 매매하는 정교한 시스템을 개발했다. 첫째, 그는 오직 주도주만 매매했다. 『주식투자기법』에서 그는 다음 과 같이 말했다.

"주식시장의 움직임을 탐색할 때 그 범위는 그날의 유망종목들, 즉 주도주들에 국한해야 한다. 바로 그곳이 사건이 일어나는 곳이 다. 활기찬 주도주로 수익을 낼 수 없다면 주식시장에서 수익을 내 기란 불가능하다고 봐야 한다."

둘째, 이렇게 통제가 가능한 선에서 매매종목의 범위를 좁히고 좀더 집중함으로써 수익의 가능성을 극대화할 수 있었다. 이때 탐욕 에 지배당해 바닥과 꼭지를 정확히 잡으려는 우를 범해서는 안 된 다는 점이 중요하다.

"또한 높은 가격을 근거로 타이밍을 판단해서는 안 된다. 고가는 결코 매도하라는 타이밍 신호가 아니다. 주식이 높은 가격에 매매된 다고 해서 더 높이 올라가지 말라는 법은 없다. 일단 추세의 방향을 확신하고 나면 공매도를 감행하면서도 느긋해질 수 있다. 한 주식의 주가가 떨어졌다고 더 떨어지지 말란 법도 없다. 나는 절대로 하락중인 주식을 사지 않았고 반등중인 주식을 공매도하지 않았다."

시장을 예측하지 말고 시장을 추종하라

신고가에서 주식을 사고 신저가에서 주식을 공매도하는 기법은 당시만 해도 상당히 충격적인 방식이었다. 그러나 리버모어의 이러한 역발상적 관점은 이후로 많은 투자자들 사이에서 면면히 계승되었다. 리버모어는 시장이 스스로 말하게 했고, 시장이 말해주는 것만 신뢰했다.

[그림 10]에서 볼 수 있듯이 어떤 주식들은 지속적으로 신고가를 경신한다. 이런 종목은 오랫동안 보유해도 된다. 인터넷 네트워크솔

[그림 10] 시스코 시스템즈 _ 1997년 7월 15일~1999년 7월 15일. (너바나시스템 제공)

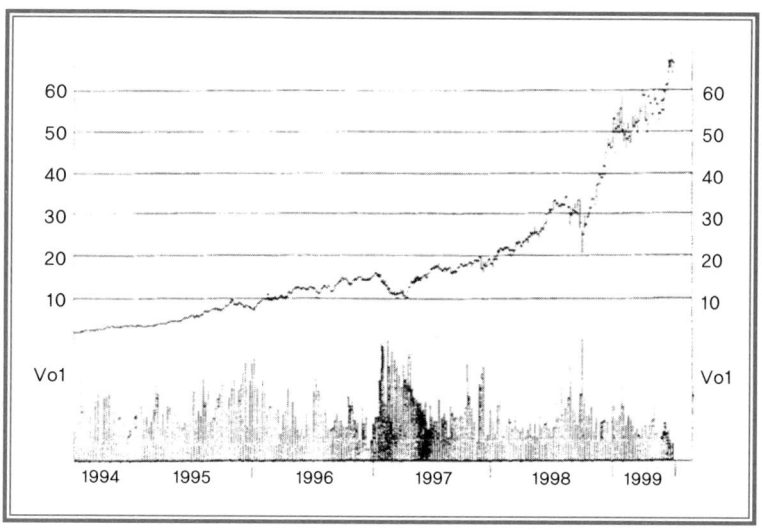

루션의 선도주인 시스코(Cisco Systems)는 5년간 지속적으로 상승세를 유지했다. 만약 1994년에 1,000주를 2,000달러에 샀다면 1999년에는 7만 달러가 되었을 것이다.

리버모어는 이렇게 말한다.

"모든 주식은 사람과 같아서 저마다 성격이 있고 특색이 있다. 공격적이거나 과묵하고, 들떠 있거나 신경질적이고, 변덕스럽거나 지루하고, 직접적이거나 논리적이고, 예측할 수 있거나 예측할 수 없다. 나는 사람을 관찰하는 것처럼 주식을 관찰한다. 시간이 지날수록 특정 상황에 대한 그들의 반응은 좀더 예측이 가능해진다. 나는 주식의 성격을 분석해 그 성격을 추종하고 그 성격에 따라 사거나 팔면서 거금을 챙긴 사람으로 세상에 알려져 있다. 하지만 유의해야 한다. 자주는 아니지만, 그 성격은 때로 변한다. 물론 주식이 올바르게 행동하는 한, 그러니까 수렴과 조정과 같은 정상적인 반응을 보이며 추세의 방향대로 진행되는 한 투자자가 걱정하거나 두려워할 것은 하나도 없다. 주식이 신고가 근처에서 거래된다는 사실도 오히려 투자자들에게는 격려가 된다. 다만 주가가 정점을 치고 추세를 바꿔 새로운 방향으로 나아가는 추세전환점이 형성될 때를 놓치면 안 된다. 항상 위험신호를 경계하라, 이것이 나의 신조다."

리버모어의 추세전환 이론, 신고가에 대한 접근법, 주도주와 산업군에 관한 이론들은 당시만 해도 아주 새로운 것들이었고, 더러는 아직도 논란거리인 채로 남아 있다. 그러나 그의 열정과 도전정신은 전혀 논란거리가 되지 않는다.

"시장의 큰 움직임 뒤에는 항상 거역할 수 없는 모종의 힘이 도사리고 있다고 나는 믿는다. 주식으로 성공하고 싶다면 내 말을 항상 염두에 두는 것이 도움이 될 것이다. 그 움직임에 촉각을 곤두세우고 있다가 자신의 지식에 기반해 행동을 취해야 한다. 사실 세계 곳곳에서 벌어지고 있는 사건들 또는 현재 벌어지고 있는 정치사회적 사건들을 주식시장의 움직임과 연관시키기란 매우 어려운 일이다. 왜냐하면 시장은 세상에서 벌어지는 사건들에 선행하여 움직이기 때문이다. 주식시장은 현재에 기반해 움직이거나 현재를 반영하지 않는다. 주식시장은 아직 발생하지 않은 것들, 즉 미래에 기반을 두고 움직인다. 때때로 시장은 마치 자신만의 생각이 있는 것처럼 명백한 상식과 세상사를 거슬러 독자적으로 움직이기도 한다. 주식시장은 대체로 사람들을 기만하도록 설계되었다는 사실을 기억하라. 하지만 종국에는 어째서 시장이 그렇게 움직였는지 그 진정한 이유가 밝혀질 것이다. 따라서 구매관리자 보고서, 무역수지, 소비자물가지수와 실업률 또는 전쟁 루머와 같은 최신뉴스나 시사에 근거하여 증시의 향후 움직임을 예측하려는 시도는 어리석다고 할 수 있다. 이런 것들은 이미 주식시장에 반영되어 있기 때문이다."

어째서 주식시장이 그렇게 움직이는지를 알려고 들면 대개는 정신적인 스트레스만 가중된다. 시장은 뉴스에 선행할 뿐 뉴스에 반응하지 않는다. 한 회사가 근사한 손익계산서를 발표하고 나면 주가가 떨어지는 경우가 있다. 왜일까? 주식시장은 이미 그러한 손익을 반영했고, 이제는 손익계산서 발표 이후와 미래의 양상을 반영해야 하기 때문이다.

"경제뉴스에 너무 집착하면 자신의 마음에 암시를 걸게 된다. 이 암시는 투자자의 수익율과 정신건강에 매우 해롭다."

내부자 정보는 가장 치명적인 독약이다

리버모어는 자신에게 '비밀정보'를 전하려고 필사적인 사람들로부터 벗어나고자 사무실까지 이전한 사람이었다. 장중에는 그와 그의 직원들조차 사무실 내에서 일절 말을 하지 않았다. 장중에 외부 인사는 그를 만날 수 없었다.

"내가 5번가 주택지구로 사무실을 옮긴 이유는 소위 '확실한 정보'와 '내부정보'를 앞세워 나를 돕겠다고 나서는 모든 사람들로부터 도망치기 위해서였다. 진짜 가치를 창출할 수 있는 정보라면 애초의 정보제공자가 매수가능한 모든 물량을 매집하기 전까지는 일반인들에게 알려지지 않는다. 모든 정보를 경계하라!"

어느날 리버모어는 그레이트넥 자택에서 개최한 디너파티 중에

한 대기업 회장으로부터 솔깃한 얘기를 들을 수 있었다.

"우리 회사가 지금 전환기에 있는 것 같아요. 나빠질 것이라는 말이 아니라 아주 잘나가게 될 것이라는 말이죠. 우리 회사의 분기실적이 다음주쯤 공개될 예정인데, 아마 굉장할 겁니다."

리버모어는 그 대기업 회장과 친했고, 평소에 그를 신뢰했다. 다음날 아침 그는 테스트 삼아 그 회사의 주식을 몇천 주 샀다. 그리고 얼마 후 회장이 말한 대로 실적호전 공시가 있었다. 주가는 순항했고, 이후 3분기 동안에도 업체의 실적은 지속적으로 향상되었다. 당연히 주가도 꾸준히 올랐다. 그런데 어느 순간 갑자기 주가가 상승을 멈추더니 방향을 틀어 폭포처럼 추락하기 시작했다.

리버모어는 그 회장에게 전화를 걸었다.

"회장님, 귀사의 주가가 떨어져서 걱정입니다. 무슨 일이 있습니까?"

"주가가 떨어진 건 나도 알아요, 제이엘. 하지만 우리 쪽에서는 기술적 조정국면에 불과하다고 생각하고 있어요. 어쨌든 지금까지 거의 일 년 동안이나 지속적으로 상승했잖아요?"

"요즘 회사 상황은 어떻습니까?"

"글쎄요… 매출이 약간 감소한 건 사실인데, 아마 그 정보가 언론에 샌 것 같아요. 지금 약세파들이 그 뉴스를 접하고 공격을 하고 있는 게 아닐까요? 우리 판단으로는, 지금 시중의 매도물량은 거의 대부분이 공매도꾼들의 공격인 것 같아요. 다음 반등 때 아예 물량의 씨를 말려 혼쭐을 한번 내주는 건 어떨까요, 제이엘?"

"개인적으로 보유하신 물량을 풀고 계신 건 아니겠지요?"

"천만에요! 내 회사보다 더 안전한 투자처가 어디 있다고 내가 주식을 팔겠어요?"

하지만 그 회사의 내부자들이 자사주를 허겁지겁 팔아치우기 시작했다는 것을 리버모어는 알고 있었다. 자기네 회사가 부진의 늪에 빠져들고 있다는 사실을 알게 된 내부자들이 시장이 받아낼 수 있는 최대한의 물량을 쏟아내고 있었던 것이다. 하지만 리버모어는 분노하지 않았다. 문제는 바로 자신의 어리석음과 탐욕이었을 뿐이다.

"회사의 경영진들은 기본적으로 치어리더일 수밖에 없다. 항상 자기 회사에 유리한 뉴스를 떠들고 다녀야 하는 사람들인 것이다. 자기 회사에 뭔가 좋지 않은 변화가 생긴다 해도 그들은 절대로 주주나 경쟁자들에게 속내를 드러내지 않는다. 허언을 일삼고 거짓말을 하는 것이야말로 최고경영자의 필수업무이자 자기보호본능의 발현이다. 하지만 투기꾼이 정말 관심을 가져야 할 것은 그들의 자기보호본능이 아니라 바로 자신의 자기보호본능이다. 나는 엄청난 돈을 날리고 나서야 이 단순한 진리를 깨달았다. 내부자에게 절대로 회사의 상황을 묻지 마라. 어째서 내 귀중한 시간을 절반만의 진실, 실체 없는 주장, 부정확한 예측, 뻔뻔스런 거짓말을 들어주는 데 써야 하는가. 투기꾼은 그냥 주가의 움직임만 지켜보면 된다. 주가의 움직임이 들려주는 이야기는 가감 없이 정확하다. 진실은 사람들의 은밀한 말 속에 있는 것이 아니라 누구나 접할 수 있는 시세표에 담겨 있다. 나는 주식투자에 관심을 갖고 있는 모든 사람들에게 늘 수첩을 들고 다닐 것을 권한다. 주식시장과 관련한 일반적이고 흥미로운 정보를 꾸준히 메모하고, 그것을 밑천으로 자신만의 매매전략을 개발하라는 것이다. 수첩의 첫 장에는 이렇게 적는 게 좋겠다. '특히 내부자로부터 나오는 모든 정보를 경계할 것!'"

시세차익은 불로소득이 아니다

"주식시장에서 돈을 벌고 싶어하는 수많은 사람들 중에서 극소수만이 투기라는 예술에 몰입하여 자신의 모든 시간을 쏟아부을 수 있다. 내가 아는 한 주식투자란 온종일 매달려야 하는 엄연한 직업이다. 여전히 많은 이들이 신의 목소리를 듣고 영감의 부름을 받는 모양이지만, 그런 식으로 성공에 도달하는 사람은 거의 없다. 투기판에서 성공을 거두는 단 한 가지 방법이 있다면, 그것은 바로 고된 노동의 지속이다. 설사 공중에 떠다니는 눈먼 돈이 있다 하더라도 아무도 그 돈을 내게 가져다주지는 않는다. 사람들은 항상 나의 '직감'에 대해 이야기한다. 특히 유니온퍼시픽 사건과 샌프란시스코

지진 이후에는 더욱 그랬다. 하지만 나는 단 한 번도 내 직감이 특별한 것이라고 생각해본 적이 없다. 노련한 투기꾼의 직감이란 사실 나의 아버지와 같은 농부들의 직감과 다를 바 없다. 그렇게 따지자면 농부들이야말로 이 세상 최고의 도박사들이 아닐까? 밀, 옥수수, 면화, 콩의 작황과 시세에 매년 도박을 거는 셈이니 말이다. 농부들은 매년 적당한 작물을 골라 날씨, 병충해와 싸우며 예측불가능한 수요에 베팅한다. 이보다 더한 투기가 어디 있겠는가. 이런 논리는 어느 업종에나 적용될 수 있다. 20년이나 30년, 40년이 넘도록 밀과 옥수수를 기르고, 소를 기르고, 자전거나 자동차를 만들다보면 자연스럽게 그 분야와 관련된 직감 같은 것이 생겨날 수밖에 없다. 내 경우도 그와 크게 다르지 않다."

리버모어가 당대의 다른 투기꾼들과 달랐던 점은, 자신의 판단을 완전히 확신했을 경우라면 끝까지 자신의 방식을 고수하여 일을 철저하게 끝낸다는 데 있었다. 1929년의 대폭락 때가 그랬다. 당시 그는 100만 주를 공매도했고, 주가가 1포인트씩 움직일 때마다 계좌의 주식평가액도 100만 달러씩 따라 움직였다."

"일생일대의 게임을 벌이던 그때조차 나를 움직이게 했던 힘은 결코 돈이 아니었다. 그것은 수수께끼를 하나씩 풀어나가면서 역사상 가장 위대한 지성들조차 혀를 내둘러왔던 주식시장을 앞지르는 것이었다. 나의 열정과 힘, 흥분은 모두 그 철저한 게임성에서 비롯

되었다. 군인에게 있어 전투란 무엇일까? 피해갈 수 없는 운명이자 모든 감각이 극한까지 치닫는 정신적 황홀경이 아닐까?"

언젠가 리버모어는 자신의 사랑하는 두 아들에게 이렇게 고백한 적이 있다.

"항상 너희들이 잘하는 일을 붙들고 있거라. 너희들도 알다시피 내가 가장 잘할 수 있는 일은 투기였지. 그런데도 나는 지난 몇 년 동안 월스트리트에서 벌어들인 수백만 달러를 가지고 플로리다의 부동산이며 항공사, 유전 그리고 새로운 발명으로 탄생한 기적 같은 신상품들에 투자했단다. 전부 비참한 실패로 끝나고 말았지. 투자한 돈은 한 푼도 건지지 못했단다. 이것만 기억하거라. 원칙과 명확한 전략 그리고 간결한 지침이 반드시 있어야 한다는 거다. 그것이 없으면 주식시장에 널려 있는 모든 감정적인 함정에 걸려들게 된단다. 이 주식 저 주식을 전전하다가 손해나는 포지션을 너무 오래 끌고 가고, 평가익을 잃지 않을까 싶은 두려움 때문에 한창 잘나가는 주식을 서둘러 잘라버리게 되는 거다. 탐욕과 공포, 조바심과 기대감은 언제나 트레이더의 정신을 지배할 준비를 끝내놓고 호시탐탐 기회만 노리고 있단다. 내가 걸려들었던 모든 함정으로부터 너희들만은 비켜가게 하고 싶구나. 하지만 결국, 모든 결정은 너희들이 하게 되겠지."

버블과 패닉의 사이클이 곧 시장이다

"돈버는 회사의 주가가 오르게 마련이라는 시장의 상식에도 불구하고, 비전문가들인 대중의 뇌리에는 항상 어떤 유력한 세력이 시장을 움직이고 있다는 피해망상이 깃들어 있다. 세력이 오늘 US스틸의 주가를 끌어내리고 있다, 세력은 한 주 내내 제너럴모터스의 주가를 밀어올리고 있다, 세력은 사력을 다해 스탠더드오일에 대해 공매도를 감행하고 있다, 세력은 시장이 망가졌다는 판단 하에 주식을 분산시키고 있다…. 그리고 그 세력은 리버모어라는 개자식과 그의 친구놈들이 이끌고 있다…."

요즘에도 대중들은 영향력 있는 개인이나 집단이 주식시장을 조종하고 있다고 믿곤 한다. 당시에는 아마도 리버모어나 제임스 키니, 존 게이츠, 버나드 바루치, 윌리엄 듀런트, 아서 커튼 그리고 피셔 형제들 같은 사람들이 물망에 올랐을 것이다. 사람들은 이들이 늘 원하는 방향으로 시장을 조작하기 때문에 자신들이 농락당할 수밖에 없는 것이라 믿었다.

하지만 사실 대중은 세력에 대해서도 매우 이중적인 견해를 가지고 있게 마련이다. 시장을 끌어올리는 세력은 모두 '긍정적인' 세력이고, 시장을 끌어내리는 세력은 모두 '부정적인' 세력이라는 것이다. 주가가 오르면 브로커, 고객, 회사의 임원들 그리고 개미들이 모두 행복해지고 부자가 될 수 있으므로 선이고, 주가의 하락에 책임이 있거나 주가의 하락으로 이득을 챙기는 사람들은 괴물에다 매국노라는 논리다.

리버모어가 보기에 특히 공매도 투자자들에 대한 대중의 이러한 이중적 태도는 부당하기 짝이 없었다. 시장에서 정말로 무슨 일이 일어나고 있는지를 전혀 모르기 때문에 그런 소리들을 하는 것이다. 리버모어는 〈뉴욕타임즈〉에 다음과 같이 기고한 적이 있다.

> "대중은 엘리트로 구성된 집단이 어떤 주식을 '진정한 가치'보다 훨씬 아래로 끌고 내려갈 수 있다고 믿는다. 그런 주식의 주가가 하락하게 되면 '절대적으로 싼값'을 만들기 위해 주식을 혹독하게 몰아붙여 '진정한 가치' 이하로 끌어내리는 일련의 슈퍼 트레이더, 슈퍼 투기자, 슈퍼 자본가가 있을 것이라는 피해망상에 사로잡힌다. 대중은 그 와중에도 똑똑한 사람들이 끼어들어 그 주식을 사들일 것이라는 생각은 꿈에도 하지 못한다."

오늘날에도 공매도자들만 무력화시키거나 영원히 잡아 가둔다면 주식시장이 오직 한 방향, 즉 위로만 올라갈 것이라고 굳게 믿고 있는 사람들이 있다. 하지만 역사상 그 어느 누구도 공매도가 주식시장을 망가뜨린다는 사실을 증명하지는 못했다. 사실 전문가들 사이에서는 거대한 공매도 세력이야말로 거대한 예비매수 세력을 의미한다는 굳은 믿음이 형성되어 있다. 왜냐하면 미래의 특정 시점에 공매도포지션은 반드시 청산되어야 하고, 그러기 위해서는 주식이 매수되어야 하기 때문이다.

또한 대부분의 투자자들이 특정 주식의 주가나 전반적인 시황을 잘못 예측한다는 역발상 이론도 있다. 그러므로 공매도 미결제 약정이 일정수준 이상으로 증가하게 되면 역발상 투자자들은 이를 매수 포지션을 구축하라는 확실한 신호로 받아들인다는 것이다.

리버모어의 믿음처럼, 워낙에 주식시장이라는 것이 사람들을 바보로 만들도록 고안되었는지도 모른다. 실제로 어느 누구도 전체 주식시장의 방향이나 한 주식의 방향을 계속 지정해줄 수는 없다. 만약 그것이 가능하다면 그 사람은 이미 지구상에서 가장 큰 부자가 되어 있을 것이다.

10

리버모어의 자금관리기술

'좋은 주식'이 있는 게 아니라 오직 '돈되는 주식'이 있을 뿐이다

"어째서 사람들은 주식으로 돈벌기가 쉽다고 생각하는지 나는 이해할 수 없다. 사람들에게는 모두 저마다의 직업이 있다. 나는 절대로 켈리에게 청과사업의 성공비결이 무엇인지, 크라이슬러에게 자동차사업의 성공비결이 무엇인지 묻지 않는다. 내가 알 수 없는 영역이기 때문이다. 그런데 사람들은 항상 나에게 '어떻게 하면 주식시장에서 손쉽고 빠르게 돈을 벌 수 있느냐'고 물어보곤 한다. 이해할 수 없는 일이다. 나에게는 그런 질문들이 '어떻게 하면 뇌수술로 빨리 돈을 벌 수 있느냐' 또는 '살인사건 피의자를 변호하면서 손쉽게 큰돈을 벌 수 있는 방법이 무엇이냐'라는 질문처럼 들린다. 이러

한 우문에 대답하려는 시도 자체가 사람의 심리에 악영향을 미칠 수 있다. 다음날이면 증시는 또 변해 있을 것이기 때문이다."

실제로 베팅을 하고 주식을 사기 전까지는 시장에 대한 자신의 판단이 맞는지 확인할 수 있는 방법은 없다. 리버모어는 이성이 아니라 감정이 주식시장의 방향을 결정한다고 믿었다. 이것은 인생에 있어 매우 중요한 일들, 즉 사랑, 결혼, 아이, 전쟁, 섹스, 범죄, 열정, 종교 등을 감정이 결정하는 것과 마찬가지다. 사람은 원래 이성에 따라 행동하는 경우가 드물다.

"영업, 이윤, 세계정세, 정치, 기술발전이 주가에 미치는 영향을 부정하는 것이 아니다. 실제로 이러한 요소들이 무르익어 결국에는 주가를 결정한다. 개별 주식들도 이러한 요인들을 반영한다. 그러나 아래위로 '극단'을 만들어내는 것은 언제나 감정이다."

오르고 내리는 것은 수익과 무관하다

주식시장이야말로 맨해튼 섬 끝자락에 위치한 지상최대의 금광이라는 사실을 리버모어만 알고 있는 건 아니었다. 그 금광은 남녀노소 누구에게나 365일 개방되어 있었다. 누구나 파헤쳐볼 수 있고, 능력만 있다면 금괴로 가득찬 수레를 끌고 유유히 귀가할 수도 있는 곳이었다. 리버모어가 바로 그랬다. 해질 무렵 마감 종이 울리면 사람들은 거지에서 일약 왕자가 될 수도 있었고, 왕자에서 왕이 될 수도 있었다. 물론 왕에서 알거지가 될 수도 있었다. 금광은 늘 그곳에 건재했고, 항상 사람들을 기다리고 있었다.

다만 이 골드게임에서는 통제되지 않는 감정들이 가장 치명적인 독약이었다. 기대와 공포 그리고 탐욕은 항상 주변에서 서성이며 게임에 끼어들 기회만 엿보고 있다. 그래서 리버모어는 절대로 주식시장이 '강세(bullish)' 라느니 '약세(bearish)' 라느니 섣불리 말하지 않았다. 그는 이런 단어들이 투자자들의 마음속에 감정적인 예측성향으로 고착될 수 있다고 믿었기 때문이다. 그의 사전에는 아예 강세니 약세니 하는 단어가 없었다. 일단 그렇게 고정관념이 생기고 나면 시장의 상황이 변했을 때조차 오랫동안 그 추세나 방향의 잔상을 맹목적으로 추종할 수 있기 때문이다. 그는 이렇게 말한다.

"분명한 추세라 할지라도 오랫동안 지속되지는 않는다. 사람들이 내게 주식시장에 대한 의견을 물어오면, 나는 현재 상방이나 하방 또는 횡보의 추세에 있다고 말한다. 또는 현재 추세선이 아래나 위를 향하고 있다고 말한다. 있는 그대로 말하는 것이다. 이렇게 함으로써 나는 순수하게 주식시장의 행동에 따라 나의 생각을 유연하게 바꿀 수 있게 된다. 나는 예언하거나 예측하려고 하지 않는다. 나는 그냥 주식시장이 내게 보여주는 행동에 반응하려고 노력할 뿐이다. 주식시장은 다음에 어떤 일이 다가올지에 대한 단서를 항상 제공해준다. 다만 그 단서들은 주식시장이 보여주는 행동 속에 숨어 있다. 우리는 주어진 단서로 퍼즐을 풀어가는 탐정처럼 행동해야 한다. 항상 사실에 대한 증거를 탐색하고, 그것들을 재확인해야 한다. 이는 감정을 배제한 냉정한 분석을 필요로 하는 작업이다."

리버모어는 주식이 어느 방향으로 가고 있는지에 대해 전혀 신경쓰지 않는 보기 드문 트레이더였다. 그는 단지 추세선을 추종할 뿐 방향은 중시하지 않았다. 실제로 그는 어느 방향으로든 투자했다. 그가 '월스트리트의 위대한 곰'으로 불렸던 것도, 주식시장의 부정적인 방향에 대해 확신을 가지고 베팅할 수 있는 사람들이 당시에는 거의 없었기 때문이다.

"주가가 갑작스럽고 신속하게 하락할 때는 공포가 득세하고 있는 것이다. 주가가 오를 때는 기대와 희망이 주가를 추동한다. 사람들이 어떤 주식이 오르길 기대한다면 팔기를 주저할 것이다. 만약 떨어질 걸 두려워한다면 주식을 재빨리 던져버리려 할 것이다. 바로 이런 이유 때문에 주가의 하락은 더 신속하고 갑작스런 변동성을 초래한다. 그래서 공매도를 감행하는 트레이더들은 더 빠르고 더 갑작스러운 주식시장의 패턴과 환경에 대응해야만 한다."

리버모어는 본질적으로 '좋은 주식' 또는 '나쁜 주식'이란 없다고 생각했다. 단지 '돈되는 주식'이 있을 뿐이다. 따라서 매수든 공매도든 '베팅하기 좋은 방향'이란 것이 따로 있을 수 없다. 단지 '돈되는 매매'가 있을 뿐이다. 그는 공매도가 인간본성에 반하는 기법이란 것을 알고 있었다. '인간본성'은 기본적으로 낙관적이다. 그가 파악한 바로는 당시 공매도를 감행하는 투자자는 전체의 5%도 되지 않았다. 물론 공매도가 지극히 위험한 매매기법이라는 점은 분명하다. 손실가능한도가 거의 무한대이기 때문이다. 따라서 공매도를 할 때 가장 필요한 기술은 자신의 감정을 극도로 절제하는 것이다.

"내가 관찰한 바로는, 대개 주식시장의 1/3은 위로 움직이고 1/3은 횡보하며 1/3은 아래로 움직인다. 그러므로 상승 쪽으로만 베팅한다면 기다리고 기대하고 전전긍긍하면서 나머지 2/3의 시간과 가능성을 낭비하고 있는 셈이다. 나는 막연한 희망을 품고 마냥 기다리며 전전긍긍하는 사람이 되고 싶지는 않다. 나는 게임을 즐기고 싶다. 그리고 잃을 때보다 딸 때가 더 많기를 바란다."

자금관리가 매매보다 중요하다

"손절매선을 결정하라. 주식이 뜻대로 움직이지 않으면 매도해야 할 명확한 목표가격을 설정해야 한다. 그리고 반드시 그 규칙을 고수해야 한다. 절대로 손실이 총 투자금의 10% 이상을 초과해서는 안 된다. 손실을 보충하려면 두 배의 노력이 필요하다. 50%의 손실을 벌충하기 위해서는 100%의 수익을 얻어야 한다. '10% 손절매'

는 나의 핵심적인 타이밍 규칙이다."

[표 1] 리버모어의 10퍼센트 손실표.

(단위 : 달러)

기초금액	손실액	잔액	손실률(%)	손실회복에 필요한 회복률(%)
1,000	80	920	8.0	8.7
	100	900	10.0	11.1
	200	800	20.0	25.0
	300	700	30.0	42.8
	400	600	40.0	66.6
	500	500	50.0	100.0

"절대로 마진콜을 당해서는 안 된다. 물타기로 평단가를 낮춰서도 안 된다. 그리고 주기적으로 평가익을 실현하라. 수시로 전리품의 일부분을 현금화해서 은행이나 채권 또는 연금 같은 안전한 곳에 넣어두어라. 현금은 과거에도 현재에도 그리고 미래에도 최종심급이다. 항상 현금을 보유하라. 현금은 실탄이다. 성공적인 거래를 마치고 나면 수익의 일부를 반드시 빼내라. 나의 가장 큰 큰 실수는 바로 이 원칙에 좀더 충실하지 못했던 것이다."

"시간의 중요성을 제대로 이해하라. 시간은 돈이 아니다. 돈도 쉬어야 할 때가 있다. 시간은 시간이고 돈은 돈이다. 명민한 투기꾼들은 항상 시장에 발을 담가놓고 있지 않는다. 전액 현금만 보유해야 할 때도 있는 법이다. 기다리다 보면 쉬고 있던 돈들이 다시 활동을 개시해야 할 적절한 환경이 찾아온다. 시장의 방향이 불분명해 보인다면 보다 확실해질 때까지 기다려라. 이것이 바로 대박을 터뜨리는 비결이다. 인내, 인내, 인내만이 성공으로 가는 열쇠다. 절대 서두르지 마라."

"포지션을 완전히 채우기 전에 먼저 소규모의 정찰대를 보내라. 정찰대로 보낸 소량의 포지션이 수익이 날 때까지 기다렸다가 다음 행동을 취하라. 한 번에 몰빵하는 일은 없어야 한다. 초기의 시장탐색으로 이익이 나기 시작하면 풀포지션을 구축하라. 예를 들어, 전체 투자금의 20%로 첫 번째 매수포지션을 취하라. 그 다음에 20%, 그 다음에 다시 20%를 매수하라. 자신의 판단이 맞았는지 확인하고 난 다음에 마지막 40%를 매수하라. 각각의 정찰대는 전체적인 포지션을 구축하는 데 있어 모두 중요한 의미를 지닌다. 만약 주식이 자신의 판단과 반대로 움직이면 어느 단계에서고 즉시 모든 포지션을 청산하라. 결코 전체 자본의 10% 이상을 잃지 않도록 하라. 모든 상황이 제대로 굴러간다면 뒤처지는 종목은 매도하고 잘나가는 종목은 끝까지 보유하라."

에버모어에서 지내던 어느날 그는 두 아이를 서재로 불렀다. 그는 주머니에서 현금 한 뭉치를 꺼내 1달러짜리 10장을 떼냈다. 그는 한 번 더 같은 동작을 반복했다. 그리고 지폐를 접어 각각 10달러씩 아이들에게 나눠주었다. 아이들은 각자의 돈을 손에 쥔 채 아버지를 바라보았다.

"애들아. 지폐는 항상 반으로 접어서 바지의 왼쪽 앞주머니에 넣고 다녀라. 어서 해보렴. 그 돈은 가져도 좋다."

아이들은 아버지가 시키는 대로 돈을 접어서 왼쪽 바지주머니에 집어넣었다.

"소매치기는 항상 사람들의 지갑을 노리고, 사람들은 보통 지갑을 뒷주머니에 넣어두지. 만약 뒷주머니에 지갑이 없다면 소매치기는 너희들 뒤로 다가와서 바지의 오른쪽 앞주머니를 노릴 거다. 왜냐하면 대부분의 사람들이 오른손잡이이기 때문이야. 이해가 되니?"

아이들이 고개를 끄덕였다.

"좋아, 그래서 돈은 항상 접어서 왼쪽 앞주머니에 넣고 다녀야 하는 거다. 만약 소매치기가 뒤로 다가와 너희 왼쪽 주머니에 손을 넣는다면, 돈을 꺼내기 위해 손을 깊숙이 집어넣어야 하기 때문에 너희들이 알아차리겠지?"

아이들은 서로의 얼굴을 쳐다보았다.

"애들아, 절대로 현금을 잃어버려선 안 된다. 그게 이 아비의 교훈이다. 돈은 늘 주머니 깊숙이 찔러넣어두거라. 그리고 어느 누구도 너희들 돈 근처에는 얼씬도 못하게 해라."

'자금관리기법'은 금융이라는 영역 안에서 리버모어가 매료되었던 세 가지 주제 중의 하나였다. 전성기 때의 리버모어는 타이밍, 자금관리 그리고 감정조절이라는 세 가지 주제에 푹 빠져 있었다. 리버모어의 자금관리에는 5가지 원칙이 있었다.

수칙1 : 단계적으로 접근하라

원금을 보전하라. 현금이 없는 투기꾼은 창고가 텅 비어 있는 상점주인과 같다. 현금은 투기꾼의 재고물량이고 생명줄이며 가장 믿을 만한 친구다. 현금이 없으면 기회도 없다. 무슨 수가 있어도 밑천을 지켜라.

모든 주식포지션을 동일한 가격에 체결하는 것은 위험하고 잘못된 방식이다. 먼저 주식을 얼마나 사고 싶은지 결정해야 한다. 예컨대 최종적으로 1,000주를 매수하고 싶다면 이렇게 하는 것이 좋다. 추세전환점에서 200주로 매수를 시작하라. 가격이 더 오르면 추세전환점 부근에서 크게 벗어나지 않는 범위에서 추가로 200주를 더 매수하라. 그래도 오르면 200주를 추가매수하라. 그때부터 주가의 반응을 살펴보는 것이다. 지속적으로 상승하거나 잠시 조정을 거친 후 계속 상승하면 안심하고 남은 400주를 채워도 좋다.

추가매수는 단계적으로 더 높은 가격에 진행되어야 한다는 점을 이해해야 한다. 물론 공매도에도 똑같은 원칙이 적용된다. 즉 추가

매수와는 반대로 각각의 추가매도는 이전 주문보다 낮은 가격에 체결되어야 한다.

기본적인 논리는 간단하다. 각각의 거래는 총 1,000주의 포지션을 향해 나아가면서 투자자에게는 계속 수익을 안겨줘야 한다는 것이다. 각각의 매수분이 두루 평가익을 기록한다는 것은 기본적인 판단이 옳았다는 증거이자 보험이다. 만약 돈을 잃고 있다면 당신의 판단이 틀린 것이다.

경험이 많지 않은 투자자들이 특히 실행하기 어려운 것은, 각각의 포지션을 더 높은 가격에 매수해야 한다는 점이다. 모두가 싼값에 사기만을 원하기 때문이다. 하지만 시세는 항상 객관적으로 옳다. 눈에 보이는 현상을 거스르지 말고, 기대를 버리고, 시세와 싸우지 말아야 한다. 그러기 위해서는 자신과 심리적인 전쟁을 치러야 한다. 투자에 있어 희망을 품고, 추측하고, 두려워하고, 탐욕에 휩싸이고, 감정을 허용하면 반드시 패배한다. 시세는 진실만을 말하지만, 인간은 그것을 해석하면서 오류를 만들어낸다.

내가 추천하는 비율과 다른 비율로 매수포지션을 구축해도 좋다. 예컨대 처음에 30%, 다시 30%, 마지막에 40%를 최종적으로 구축하는 것도 좋은 방법이다. 최선의 비율을 선택하는 것은 각각의 투자자들이 결정할 문제다. 나는 단지 내가 가장 선호하는 비율을 제시한 것뿐이다. 여기서 중요한 원칙은 각각의 비율이 아니라 한 번에 모든 포지션을 구축하지 말라는 것이다. 그리고 확신이 들 때까지 기다리라는 것이다.

각각의 물량을 매수할 때마다 더 비싼 가격을 지불한다는 원칙은 인간의 본능을 거스르는 짓이다. 그래서 어렵다. 그래서 매매를 시작하기 전에 최종적으로 매수하려는 총 포지션의 규모를 정해놓아야 한다는 것이다.

수칙2 : 손절매의 한도를 정하라

매수하기를 원하는 총 주식의 규모와 각각의 거래에 포트폴리오의 몇 퍼센트를 투자할 것인지 그리고 목표주가와 손절매는 어느 선인지를 미리 결정해두어야 한다. 또한 이러한 원칙은 반드시 지켜져야 한다.

나의 손절매 원칙은 10% 이상의 원금손실을 용인하지 않는다는 것이다. 한 번 발생한 손실을 회복하려면 두 배의 노력이 든다. 나는 이 원칙을 10%의 증거금으로 거래하던 주식방에서 터득했다. 주식방에서는 손실이 10% 한도를 벗어나면 자동적으로 반대매매가 나갔다.

브로커가 전화를 걸어 주가가 하락했으니 좀더 많은 증거금을 입금해달라고 말하면, 나는 차라리 브로커에게 모든 주식을 다 팔아달라고 말한다. 한 종목을 50달러에 샀는데 45달러로 떨어졌다고 해서 평균단가를 낮추기 위해 추가로 매수해서는 안 된다. 그 주식은 당신이 예상한 대로 움직이지 않는 것이다. 주가가 떨어졌다는 사실 자체가 이미 당신의 판단이 틀렸음을 입증하는 증거로 충분하다. 손실은 재빨리 자르고 빠져나와라. 결코 마진콜을 당하지 말고, 절대로 물타기하지 마라.

나는 10% 손실을 보기 전에 포지션을 청산하곤 했다. 그 거래가 처음부터 올바르게 기획되지 않았기 때문에 그렇게 한 것이다. 때때로 나의 본능이 속삭인다. '제이엘, 이 주식은 뭔가 이상해. 굼뜬 얼간이 같단 말야. 뭔가 잘못된 것 같아.' 그럴 때마다 나는 즉시 포지션을 팔아버렸다. 이러한 직감은 이미 수천 번 이상 경험했던 사례들의 정수가 쌓여 잠재의식적인 신호를 보내는 것이라 할 수 있다. 내 기억 속에 저장된 일정한 패턴이 저절로 참조되는 것이다. 어쨌든 언제부턴가 나는 이런 직감을 신뢰하게 되었다.

주가움직임이 보여주는 패턴은 약간의 변형만 있을 뿐 계속해서 출현한다. 그 이유는 다름아닌 인간이 주식을 다루기 때문이며, 인간의 본성은 결코 변하지 않기 때문이다. 나는 멀쩡한 사람들이 '수동적인 투자자'가 되는 모습을 여러 번 지켜봤다. 그들은 한 번 매수한 주식이 하락하면 매도하길 거부한다. 주식을 붙들고 앉아 다시 랠리를 기다리는 것이다. 10% 손절매 원칙이 중요한 것은 바로 이 때문이다. 결코 수동적인 투자자가 되지 마라. 손실은 재빨리 잘라라. 말하긴 쉽지만 행동에 옮기기는 어려운 원칙이다.

수칙3 : 항상 현금을 남겨둬라

성공적인 투자자는 항상 수중에 현금을 남겨둬야만 한다. 그것은 군대의 지휘관이 항상 예비병력을 남겨뒀다가 적절한 타이밍을 잡아 확신과 함께 작전을 개시하는 것과 같다. 유능한 장군은 모든 가능성들이 우호적일 때를 기다려 최종승리를 쟁취한다.

주식시장에는 항상 기회가 강물처럼 흐르고 있다. 좋은 기회를 놓쳤다면 인내심을 가지고 잠시 기다려라. 곧 다른 기회가 찾아올 것이다. 성공적인 매매를 위한 모든 조건들이 내 편에 유리하게 전개될 때까지는 매매를 시작하지 마라. 그리고 기억하라. 항상 시장에 참여할 필요는 없다는 사실을.

진(gin)이나 포커, 또는 브릿지와 같은 카드게임을 할 때 우리는 매번 게임에 참여하고 싶어한다. 그것이 인간의 본성이다. 그러나 이러한 본성이 주식투자자들에게는 가장 위험한 요소 중의 하나다. 내가 초보시절에 몇 번 그랬던 것처럼 결국은 큰 재앙을 맞게 될 것이다.

돈을 일단 옆으로 빼놓고 잠시 숨을 고르며 인내해야 할 때가 있다. 그냥 놀고 있던 돈이 스스로 때를 잘 골라 순식간에 큰돈을 벌어다줄 수 있다. 속도가 아니라 인내가 성공으로 가는 열쇠다. 제대로 사용할 수만 있다면, 시간은 명민한 투자자에게 최고의 친구가 될 수 있다. 기억하라. 영리한 투자자는 항상 인내하고, 언제나 현금을 남겨둔다는 사실을.

수칙4 : 이유 없이 수익을 실현하지 마라

주가가 정상적인 행보를 지속하는 한 서둘러 수익을 실현할 필요는 없다. 자신의 기본적인 판단이 옳았음을 계속 믿어야 하며, 그렇게 하지 않으면 결코 큰 수익을 낼 수 없다. 근본적으로 부정적인 신호가 없다면 계좌의 포지션을 그냥 놔둬라. 수익률이 천정부지로 솟아오를 수도 있다. 전반적인 시황과 주가움직임이 특별한 경고신호를 보내지 않는 한 용기를 가지고 애초의 확신을 신뢰하라.

수익을 내고 있을 때 나는 결코 불안해하지 않는다. 한 주식을 10만 주 이상 보유하고도 나는 아가처럼 편안하게 잠들 수 있다. 나는 그 거래로 '수익'을 내고 있기 때문이다. 엄밀하게 말하자면 나는 내 돈이 아니라 '게임장의 돈'을 사용하고 있을 뿐이다. 나는 주식시장의 돈을 가지고 게임을 하고 있는 것이다. 내가 기록한 수익을 모두 다시 뱉어내더라도 아까울 것이 하나도 없다. 처음부터 내게는 있지도 않았던 돈을 잃은 것에 불과하기 때문이다.

반대의 경우도 마찬가지다. 내가 주식을 매수했는데 예상과 달리 움직인다면 나는 즉시 매도한다. 어째서 주가가 다른 방향으로 가고 있는지 알아내려고 고민할 필요는 없다. 주가가 다른 방향으로 가고 있다는 '사실'만이 중요하다. 그 사실 자체만으로도 거래를 마감해야 할 충분한 이유가 된다.

수익은 자기 자신을 돌볼 줄 알지만 손실은 결코 그렇지 않다. 이 '수익극대화 방식'과, 일단 매수하면 끝까지 물고늘어지는 방식을 혼동하면 안된다. 나는 단 한 번도 마구잡이로 주식을 사서 무턱대고 붙들고 앉아 있었던 적은 없다. 누가 훗날의 일을 알 수 있을까. 세상은 변한다. 삶이 변하고, 관계가 변하고, 건강이 변하고, 계절이 변하고, 사람도 변한다.

당연히 애초에 주식을 사게 했던 조건들도 변한다. 좋은 기업, 좋은 업종 또는 경제상황이 전반적으로 양호하다는 판단에 근거해 주식을 샀다고 해서 무턱대고 보유하고 있는 것은 주식시장에서 스스로 목숨을 끊는 행위와 다를 바 없다.

늘 승자와 함께하라. 팔아야 할 명확한 이유가 생길 때까지 그들과 함께 어울려라.

수칙5 : 이익실현은 반드시 현금으로

거래를 성공적으로 마쳤다면 반드시 수익의 50% 정도는 따로 떼어 보관하는 것이 좋다. '증권사 계좌'에서 완전히 빼내야 한다는 뜻이다. 특히 원금이 두 배로 불어났을 때 그렇게 하는 것이 좋다. 한 주식으로 크게 버는 것만큼 기쁜 일은 없다. 이 돈은 따로 떼어 은행계좌에 넣어두고 예비자금으로 보관하거나 안전한 금고에 넣어두고 잊어라.

카지노에서 돈을 딸 때 그렇게 하듯이, 이따금씩 딴 칩을 중간중간 현금으로 바꿔두는 것도 좋은 생각이다. 현금이란 약실에 장전된 총알과 같다. 항상 예비현금을 확보해둬라. 나의 경력을 통틀어 가장 후회되는 것은, 가끔씩 나도 이 원칙을 소홀히 했다는 점이다.

나는 친구이자 도박사인 브래들리의 탁견에 동의한다. 타이밍, 자금관리 그리고 감정조절이다. 무엇을 할지 '아는 것'과 그걸 실제로 '행할 의지를 갖고 있는 것'은 전혀 다르다. 이것은 주식시장의 진리이자 삶의 진리이기도 하다.

자신의 원칙을 실행하기 위한 훈련과 수양은 필수적이다. 구체적이고 명확하고 검증된 원칙이 없는 투자자는 결코 지속적으로 성공할 수 없다. 계획이 없는 투자자는 전략이 없는 장군과 같고, 이는 결국 실행할 수 있는 계획이 없다는 뜻이다. 간단명료한 계획이 없는 투자자는 결국 패퇴할 때까지 악의적인 주식시장이 던지는 돌팔매와 화살에 수동적인 반응만 반복할 뿐이다.

주식투자는 예술이라는 것이 나의 결론이다. 주식투자는 순수한 이성의 산물이라고 할 수 없다. 만약 주식투자가 순수한 이성으로 해결할 수 있는 문제라면 아마도 오래전에 누군가가 이미 모범답안을 찾아냈을 것이다. 그래서 나는 모든 투자자들이 어느 수준까지 자신의 스트레스를 감내할 수 있는지 반드시 알고 있어야 한다고 생각한다. 또 그러기 위해서는 자신의 감정을 반드시 분석해봐야 한다. 투자자들의 성향은 저마다 다르다. 모든 인간의 정신세계는 독특하다. 어떠한 성향이라도 그 한 사람에게는 예외가 될 수 있다. 투자를 시도하기 전에 자신의 감정적인 한계가 무엇인지를 정확히 인지하라.

사람들은 내게 성공적인 트레이더의 자질에 대해서 묻는다. 바로 이것이 나의 대답이다. 포지션 때문에 밤잠을 설칠 정도라면 깜냥에 비해 너무 많이 나간 것이다. 그럴 바에야 감내할 수 있는 수준까지 포지션을 축소하는 편이 훨씬 낫다. 잠을 잘 잘 수 있는 만큼만 투자하라는 것이다.

반면에 지적이고 면밀하며 적절한 때 과감히 행동을 취할 수 있는 사람이라면 누구나 월스트리트에서 성공할 수 있다고 나는 믿는다. 따지고 보면 주식투자도 여타의 사업들과 하등 다를 바 없다. 일반적인 비즈니스가 요구하는 비즈니스맨의 미덕을 체득하라. 그러면 언젠가 반드시 기회가 생긴다.

11

리버모어의 나머지 원칙들

투기로 성공하려면 무엇보다 꾸준한 노동과 근면함이 필요하다

투기꾼은 매매하기 전에 반드시 시장의 전반적인 추세를 확인해야 한다. 추세선이 위를 향하고 있는지 아래를 향하고 있는지에 대한 확신이 있어야 한다는 것이다. 이것은 전체 시장과 개별 종목 모두에 해당한다. 매매 전에 전체 시장이 위, 아래, 옆 중에서 어디를 향하고 있는가를 반드시 '결정'하라. 전반적인 시장의 추세가 당신에게 우호적이지 않다면 매우 큰 핸디캡을 안고 시작하는 셈이다. 물 흐르는 대로 따라가라. 추세에 순응하고 역풍을 피하라. 무엇보다 시장과 싸우려고 들지 마라.

내가 평생 화두로 삼았던 세 가지 테마는 다음과 같다.

■ **타이밍 :** 포커를 칠 때 언제 죽을지를 알아야 하는 것처럼, 투기꾼은 언제 시장에 들어가고 나올지를 반드시 알고 있어야 한다.

■ **자금관리 :** 현금이 없는 투기꾼은 창고에 물건이 하나도 없는 상점주인과 같다. 종자돈이 없는 투기꾼은 다음해 봄에 농사지을 씨앗이 없는 농부와 같다. 현금은 투기꾼의 생명줄이고 가장 믿을 만한 친구다. 현금이 없으면 기회도 없다. 무슨 일이 있어도 밑천을 지켜라.

■ **감정조절 :** 매매에 적극적으로 참여하기 전에 먼저 간단명료한 매매전략을 수립해두어야 한다. 모든 투기꾼들은 주식시장에서 투기를 감행하기 전에 지능적인 전술을 구상해두어야 하고, 자신의 성향에 맞도록 그 전술을 다듬어놓아야 한다. 투기꾼에게 있어 가장 큰 과제는 자신의 감정을 조절하는 것이다. 이성, 논리 그리고 순수 경제학이 주식시장을 움직이는 동력이 아니다. 주식시장은 시간이 흘러도 절대 변하지 않는 인간본성에 의해 움직인다.

타이밍 원칙

대박은 '생각하는 것'이 아니라 '지그시 버티고 앉아 있는 것'에서 나온다. 일단 포지션을 취하고 나면, 물론 가장 힘든 일 중의 하나이지만, 수익이 나기를 기다리는 것이다. 잠시 조정을 받을 때면 이미 벌어놓은 수익을 날릴지도 모른다는 공포감으로 서둘러 수익을 실현하거나 포지션을 청산하고픈 유혹에 시달리게 된다. 이런 유혹에 굴복함으로써 많은 투기꾼들이 수백만 달러를 날려버렸다. 매매를 시작하게 된 명백한 이유가 있었음을 기억하고, 포지션을 청산해야 할 명확하고 적절한 이유가 있어야 한다는 원칙을 기억하라. 큰 물결을 타서 크게 한판 먹는 것을 '대박'이라고 하는 것이다.

모든 요인이 순탄하게 돌아갈 때만 매매에 참여하라. 1년365일 시장에 발을 푹 담그고 있으면서 항상 이기기만 하는 사람은 없다. 때로는 주식시장에서 완전히 발을 빼야 할 때도 있는 법이다. 자신이 틀렸다고 느끼는 순간 투기꾼이 해야 할 일은 주저없이 옳은 쪽으로 옮겨타는 것이다. 손실은 주저하지 말고 재빨리 끊어라. 시간을 지체하지 마라. 마음속으로 미리 설정해놓은 한도를 벗어나면 즉시 포지션을 청산하라. 주식은 일관성 없는 성격을 드러내며 마치 자신이 인간인 것처럼 행동한다. 사람을 대하듯 주식을 대하라. 어느정도 시간이 지나면 특정한 환경 하에서 시장이 보이는 반응을 예측할 수 있게 된다. 그것이 타이밍을 맞추는 데 큰 도움이 될 것이다.

다시 한 번 강조하거니와 너무 비싸서 못 살 주식도 없으며 너무 싸서 팔지 못할 주식도 없다. 유동성이 부족한 시장에서 모처럼 거대한 포지션을 청산할 수 있는 기회가 왔는데 그 기회를 놓친다면 큰 낭패를 볼 수 있다. 반대로 주식시장에서 뜻밖의 행운이 찾아왔는데 이를 제대로 이용하지 못하면 뼈아픈 실수로 남게 된다.

하지만 주가가 정체되어 좁은 구간에서 횡보하고 있을 때 시장이 언제 어느 방향으로 움직일지를 섣불리 예측하거나 전망하려고 애쓰는 것은 오히려 크나큰 위험을 초래할 수 있다. 시장이나 주식이 횡보구간을 벗어나 스스로 어느 방향으로든 갈 길을 정할 때까지 기다려야 한다. 예측하려고 하지 마라. 확신이 설 때까지 기다려라. 시장에 대해 왈가왈부하지 마라. 추세에 순응하라.

매매의 원칙

신고가는 매매타이밍을 잡는 데 매우 중요하다. 사상최고가는 그 주식이 이미 모든 매물부담을 극복했으며 추세선이 강하게 위로 뻗어 있음을 의미할 수 있다. 대부분의 투자자들은 보유중인 주식이 신고가를 기록하면 즉시 팔고 다시 싼 주식을 찾아나선다. 이건 정말 바보짓이다. 추세가 분명할 때는 느긋하게 더 두고 보는 것이 좋다.

'그룹행동' 역시 매매타이밍을 잡는 데 매우 유용하다. 주식은 혼자서 움직이는 법이 없다. US스틸의 주가가 오르거나 내리면 조만간 베들레헴철강, 리퍼블릭철강, 크루서블철강이 그 뒤를 따르게 된다. 이유는 간단하다. 주식시장의 구미에 맞거나 그렇지 않은 US스틸의 업황을 결정하는 기본적인 요소들이 동일 업종의 다른 업체들에도 똑같이 영향을 미치기 때문이다.

따라서 가급적이면 각광받는 업종의 주도주를 거래하는 편이 안전하다. 1등주를 매매하라. 강세장에서 상승을 이끌었던 주도주들을 주시하라. 주도주들이 비틀거리고 새로운 고점 돌파에 실패하면 시장이 돌아서는 신호라고 봐야 한다. 대개는 주도주들이 가는 방향대로 전체 시장이 나아간다.

시장의 움직임을 관찰하려면 그날 좋은 움직임을 보이는 주도주에 국한하라. 활발한 주도주로도 이익을 낼 수 없다면 주식시장에서는 아예 돈을 벌 수 없다는 뜻이다. 주도주들이 모여 있는 곳이 가장 활동적인 곳이며, 그곳이 바로 돈이 모여 있는 곳이다. 관심영역을 주도주에 국한할 경우 좀더 집중할 수 있고 통제가 용이하게 된다.

주가가 당신의 뜻대로 움직이지 않을 경우 매도해야 할 명확한 손절매선을 결정해두어야 한다. 그리고 반드시 그 규칙을 지켜야 한다.

언제나 '가장 높은 가능성'에만 베팅하라. 절대로 한 번에 몰빵해서는 안 된다. 자신의 판단과 타이밍이 맞는지 척후병을 보내 사전에 확인하고 추세선을 찾아라. 그리고 나서 포지션을 완성해도 늦지 않다. 매수전략이라면 단계적으로 더 비싼 가격에, 공매도전략이라면 단계적으로 더 싼 가격에 매매해야 정상이다.

예기치 못한 일에 재빨리 반응해야 한다. 뜻밖의 행운이 닥치면 즉시 움켜쥐어라. 만약 예기치 못한 악재가 닥치면 재빨리 행동을 취하고 되돌아보지 마라.

감정조절 원칙

절대 넘겨짚지 마라. 섣불리 움직이지 말고 시장이 단서와 신호, 힌트를 줄 때까지 기다려라. 확신이 생길 때만 움직여라. 예측만으로는 아무런 결정도 하지 마라. 예측은 자살이다. 시장은 언제나 충분한 시간을 준다. 단서가 나올 때까지 기다리더라도 행동을 취할 시간은 충분하다.

왜 특정한 주식의 주가가 그렇게 움직이는지 알아내려고 애쓰지 마라. 그보다는 현상을 연구하라. 주식과 싸우지 마라. 주식은 사람의 말귀를 알아듣지 못한다.

다른 투자자의 충고를 경청하다보면 자신의 판단이 부적절한 것으로 생각되면서 기존의 행동을 번복하는 우를 범할 수 있다. 다른 투자자의 충고 때문에 주저하거나 나쁜 결정을 내릴 수도 있다. 우유부단함은 자신감의 상실을 불러오고 당연히 손실을 불러온다.

정보는 사방에서 찾아온다. 친척과 친구, 심지어는 사랑하는 사람으로부터도 정보가 쏟아진다. 이미 상당한 돈을 투자한 사람들로부터, 그 행운을 지인들과 나누고 싶어하는 많은 사람들로부터 정보가 날아온다. 의욕과잉의 영업사원이나 범죄자로부터 흘러나오기도 한다. 기억하라. 모든 정보는 위험하다. 그 어떤 정보에도 귀를 기울여서는 안 된다.

투기꾼의 사전에는 '희망' 이라는 단어가 없다. 주가가 이러저러하게 되길 바라는 것이야말로 진짜 도박이다. 만약 포지션을 계속 보유해야 할 적절하고 결정적인 이유가 없다면 좀더 논리적인 포지션으로 옮겨타라. 희망은 탐욕의 또다른 이름이다.

항상 감정을 조심하라. 수익이 좋아졌다고 자만하지 말고, 손해가 났다고 의기소침해하지 마라.

주식시장에서 변하는 것은 아무것도 없다. 투자자만 계속 물갈이될 뿐이다. 새로운 투자자들은 1907년이나 1929년의 대공황과 같은 큰 주기에 대한 금융적인 기억력이 없다. 직접 겪어보지 못했기 때문이다. 그러나 그러한 충격이 투자자들에게는 생소한 것이지만 시장에게는 낯선 것이 아니다.

추세전환을 확인하는 요령

특정 주식의 가격을 결정하는 요소를 찾겠다고 너무 많은 시간을 쏟지 마라. 그보다는 주가를 면밀히 관찰하라. 해답은 '왜' 주가가 그렇게 움직이는지에 있는 것이 아니라, 주가가 지금 '무엇'을 말하고 있는지에 있다. 주식시장의 큰 움직임 뒤에는 항상 거역할 수 없는 힘이 있으며, 그것의 정체는 대개 시간이 흐른 뒤에야 밝혀진다. 성공적인 투기꾼이라면 누구나 알고 있는 사실이다.

주식시장은 위, 아래 그리고 옆으로 움직인다. 따라서 위로 베팅하거나 아래로 베팅함으로써 양방향으로 돈을 벌 수 있다. 롱포지션을 취하거나 공매도포지션을 취하는 것이다. 어떤 방향을 타고 베팅했는지는 별 문제가 되지 않는다. 다만 감정을 배제해야 한다. 만약 시장이 횡보세를 보이면 혼란스러워하지 말고 차라리 휴가를 떠나라.

일중반전에 유의하라. 당일 고가가 전일고가에 비해 높고 거래량이 전일보다 많은데도 종가가 전일저가보다 낮다면 긴장하라.

급락으로 주가가 심하게 빠진 주식의 움직임을 특히 면밀히 관찰하라. 주가가 즉시 반등하지 못한다면 앞으로 더 빠지게 될 확률이 높다. 이런 주식에는 뭔가 본질적인 약점이 있다. 그 약점은 나중에 밝혀질 것이다. 주식시장에서 우리는 미래를 사고판다. 지금 일어나고 있는 일들은 이미 주가에 반영되어 있다는 사실을 명심하라.

사야 할지 팔아야 할지를 알려주는 것은 추세전환점이다. 이러한 추세의 변화를 초기에 잡아낼 수만 있다면 누구나 대박을 터뜨릴 수 있다. 추세전환점에는 두 가지가 있다. 하나는 '전환형'으로, 기본적인 추세가 변해 거대한 모멘텀이 형성되는 초기에 나타난다. 시장이 큰 변화를 준비하는 분명한 조짐이다. 이것은 오래 지속될 추세적 움직임이므로 당장 바닥인지 상투인지는 별 문제가 안 된다. 두 번째는 '지속형'이다. 전환형은 방향의 변화를 명확하게 알려주고, 지속형은 그것을 확인해준다. 중요한 추세전환점은 대부분 대량거래를 수반한다.

추세전환점은 타이밍을 잡는 데 필수적인 도구로서 투기꾼들로 하여금 언제 시장에 들어가고 언제 나와야 할지를 알려주는 호각신호와 같다. 강세장의 정점에서는 무모한 주가상승을 경계해야 한다. 좋은 주식들은 그 기업이 일 년 동안 벌어들이는 이익의 30, 40, 50배 또는 60배에 거래된다. 즉 높은 '주가수익율(PER)'로 거래된다. 얼마전까지는 훨씬 낮은 가격에 거래되던 바로 그 주식들이다. 테마주로서 최근 각광받고 있다는 것 이외에 별다른 이유도 없이 주가가 수직상승하는 투기주들을 조심하라.

주가가 오랫동안 상승세를 지속하다 거래량이 부쩍 증가하면서 손바뀜이 빨라지면 긴장하라. 이것은 추진력 소멸에 대한 단서이자 경고다. 시장이 큰손에서 불안에 떠는 조막손들로, 소수의 선수들에게서 아마추어 개미들로 옮겨가고 있다는 징표다. 일반대중은 대체로 이런 대량거래를 정상적인 조정과정 중에 나타나는 활발하고 건강한 징조로 받아들인다. 주가가 오르는 도중에 내부자들이나 보수적인 투자자들이 보유분을 처분하는 것으로 믿는 경향이 있다. 대개는 틀린 생각이다. 내부자나 작전세력은 흔히 주가가 신고가 근처에서 정점을 기록한 후에 옆으로 흐르면서 서서히 하락하기 시작할 때 개미들에게 주식을 떠넘긴다. 바로 이때가 거래량이 폭증하는 시점이다. 그리고 이런 이유로 주가가 신고가를 경신하지 못하게 된다. 시장에 너무 많은 물량이 풀리기 때문이다. 내부자들과 기관처럼 대량으로 지분을 보유한 주주들이 즐겨 사용하는 수법이다.

기다림과 인내심이야말로 최고의 투자전략이다

일본 전국시대의 유명한 무장들인 오다 노부나가, 토요토미 히데요시, 토쿠가와 이에야스가 "새장 속의 울지 않는 새는 어떻게 해야 하는가?"라는 질문에 답한 내용이다. 그들은 각각 "베어야 한다" "울게 만들어야 한다" "울 때까지 기다려야 한다"고 말했다. 일본을 통일하고 막부시대를 연 것은 결국 "기다리라"고 답했던 토쿠가와 이에야스였다.

사람들은 "그때 매수하지 말았어야 했는데…" 하고 말한다. 부적절한 시기에 매수함으로써 공연한 손실을 입게 되었고, 그 종목에 묶여 다른 기회가 왔을 때 신속하게 대처하지 못했기 때문이다. 또한 자기가 팔고 나서 급등하거나 지속적으로 상승했던 주식들을 떠올리면서 "그때 매도하지 말았어야 했는데…" 하고 말한다. 우스갯소리로라도 "내가 사면 꼭지, 내가 팔면 바닥"이라는 말을 누구나 한 번쯤은 해봤을 것이다. 이런 사람들은 주식투자를 단기적인 등락을 이용해 차익을 실현하기만 하면 되는 '간단한 게임'에 불과하다고 생각한다. 사실 인내심은 강세장에서 특히 필요한 것이다.

주식을 매수하는 시점이 아무리 훌륭했다 하더라도 성급하게 매도한다면 큰 수익으로 연결되지 않는다. 누구나 경험하듯이 강세장에서는 내가 차익을 실현하고도 조정 없이 주가가 더욱 급등하는 경우가 빈번하다. 내가 주식시장에서 큰돈을 벌 수 있었던 것은 단기적인 차익을 실현하려는 욕구를 억누르고 대세상승기에 꾹 참고 앉아 있을 때였다.

투기꾼의 덕목

'투기꾼(speculator)'과 '투자자(investor)'는 분명히 다르다. 투기꾼의 목표는 오랫동안 안정적인 수익을 내는 것이 아니다. 투기하려고 마음먹은 바로 그 타이밍에, 주가가 오르든 내리든 반드시 수익을 실현해야 하는 것이 투기꾼의 임무다. 그래서 투기는 고독한 게임이다. 자신의 돈을 굴리는 방법은 자신이 결정해야 하기 때문이다.

주식을 거래할 때는 비밀스럽고 과묵하게 하라. 잃거나 따거나 발설하지 마라. 시장이 자신의 판단과 반대로 움직인다고 해서 평상심을 잃어서는 안 된다. 한 번 성공했다고 우쭐대서도 안 된다.

주가와 싸우지 마라. 주가는 늘 진리다. 주가와 조화점을 찾으려 노력하라.

투기의 세계에서 우등생이 되려면 다음 네 가지의 자질을 갖춰야 한다.

- 관 찰 – 편견 없이 현상을 관찰하는 능력
- 기억력 – 중요한 사건을 정확하고 객관적으로 기억하는 능력
- 수리력 – 숫자에 익숙하고 쉽게 계산하는 능력
- 경 험 – 학습과 경험을 통해 습득된 지식을 원하면 언제든지 불러낼 수 있는 능력

어느날 갑자기 찾아오는 무의식적인 신호와 강렬한 충동은 잠재의식이 무엇인가를 이야기해주고 있는 것이다. 이것은 그동안 경험으로 쌓아온 경험의 반응이라고 볼 수 있다. 나 역시 가끔씩은 당장 분명한 이유는 알 수 없지만 잠재의식이 이끄는 대로 몸을 맡기곤 했다. 나는 "인간은 경험의 총체"라는 아리스토텔레스의 말을 신봉한다.

하지만 투기로 성공하려면 감정이 반드시 의식되어 있어야 하고, 그 감정을 이용할 수 있어야 한다. 탐욕은 누구에게나 있다. 웹스터

사전의 정의에 의하면 탐욕이란 '하나 이상의 대상에 대한 욕구나 요구를 획득하고 소유하려는 지나친 열망'이다. 우리는 탐욕의 근원을 알지 못한다. 기껏 알고 있는 것은 모든 사람들의 마음속에 탐욕이 도사리고 있다는 사실뿐이다.

공포심은 눈깜짝할 사이에 찾아오며, 일단 나타나면 이성을 마비시킨다. 이성적인 사람도 두려움에 휩싸이면 비이성적으로 돌변한다. 투자자들은 손실을 볼 때마다 두려움에 휩싸이게 된다. 이윽고 그들의 판단력은 훼손된다. 두려움에 마비된 투자자에게는 더 큰 손실만이 기다리고 있다.

희망은, 적어도 주식시장에 국한시켜 보면 항상 탐욕과 동행한다. 일단 매매를 시작하면 희망이 생명력을 얻는다. 뭔가를 바라고 최선의 결과를 소망하는 것은 인간의 본성이다. 희망은 인류라는 종족이 생존하는 데 꼭 필요한 정서적 요소다. 그러나 희망은 무식과 탐욕, 공포와 마찬가지로 주식시장에서 이성을 왜곡시킨다. 주식시장은 오로지 현상만을 다루는 곳이지만, 희망은 현상을 왜곡한다. 룰렛 테이블에서 결과를 말해주는 것은 탐욕과 공포 또는 희망 따위가 아니라 룰렛 위를 굴러다니는 작은 공이다. 결과는 객관적이고 돌이킬 수 없다. 당연히 선처도 없다.

공부하고 또 공부하라

주식시장에서 명확한 것은 없다. 주식시장은 대체로 사람들을 기만하도록 설계되었다. 따라서 투기꾼들은 자신의 감정과 정반대로 사고해야 한다. 항상 시장에 발을 담그고 있어서는 안 된다. 경제적인 이유뿐만 아니라 감정적인 이유로도 시장에서 발을 빼야 할 때가 있다.

애초의 판단과 주가가 일치하지 않는다면 일치할 때까지 기다려라. 시세에 비추어 자신의 포지션을 합리화하려고 해서는 안 된다. 누구나 실수를 하지만, 자신이 실수하고 있다는 것을 곧바로 인정하는 사람은 적다. 실수를 하고도 그냥 내버려두었다가 결국은 스스로 원칙을 깼음을 후회하고 자책하게 된다. 처음부터 자신의 원칙을 깨지 마라. 떨어지는 주식을 붙들고 늘어지는 미련한 투자자는 되지 마라.

주식과 관련된 정보는 주지도 말고 받지도 마라. 강세장에서는 주가가 오르고 약세장에서는 주가가 내린다는 사실만 기억하라. 모든 사람들이 알아야 하고 서로 알려줘야 할 정보는 오직 이것뿐이다.

일시적 반등에 주식을 사지 마라. 랠리 때는 절대로 공매도하지 마라. '강세'니 '약세'니 하는 용어를 아예 쓰지 마라. 이런 말들은 투자자의 마음 속에 선입견을 주입시킨다. 대신에 누가 시장의 향방을 물어오면 '상승추세' 내지 '하락추세' 라는 단어를 사용하라.

무엇보다 무지를 경계하라. 시장은 심심풀이 대상이 아니라 진지하고 성실한 자세로 연구하고 배워야 할 외경의 대상이다. 주식시장은 빠르고 쉽게 돈을 벌 수 있다며 사람들을 끊임없이 유혹한다. 주식시장은 곧잘 사람들의 돈이 잘못된 곳으로 흘러가도록 만든다. 그래서 주식시장에서 살아남으려면 지식이 필요하다.

시장에 참여하고 있는 한 끊임없이 배워야 한다. 그리고 자신의 판단이 틀리면 변명하지 마라. 자신이 틀렸다는 것을 곧바로 인정하고, 그로부터 배움을 얻어 결과적으로 이익을 얻도록 노력하는 편이 현명하다.

리버모어는 주식시장이 수많은 시장참여자들로 이루어져 있기 때문에
무엇보다 인간의 심리가 가장 큰 변수라는 사실을 깨달았다.
그는 주식시장에서 유사한 패턴이 반복적으로 나타나는 이유가
바로 인간의 본성이 잘 바뀌지 않는 데서 비롯된다고 말한 바 있다.

부록

Jesse Livermore

리버모어의 투자기법 실전적용

리버모어식 투자기법의 핵심

항상 이기려고 하지 말고 '평균적'으로 이기려고 노력하라

리버모어는 컴퓨터를 이용한 시스템 트레이딩이 보급되기 전에 이미 오늘날의 기술적 분석가들과 마찬가지로 '패턴'을 정의하고 이를 이용해 수익을 얻으려 했다. 그는 자신이 직접 정보를 기록하고 관찰하여 해답을 얻으려 했고, 항상 자신의 실패에서 배우고자 했다. 자신의 거래내역을 분석하여 실패의 원인을 찾는 이러한 방법은 오늘날 주식시장과 트레이딩에 대해 배우는 최고의 수단으로 판명되었다.

주식은 곧 사이클이다

인생에 주기가 있듯이 시장에도 주기가 있다. 주기는 종종 극단적이며 좀처럼 균형에 머무르는 경우가 없다. 주기는 해변에 밀려오는 파도처럼 주변조건이 좋을 때는 큰 물결이 되지만, 주변조건이 열악하면 그 힘도 미미해진다. 따라서 좋든 나쁘든 은근과 끈기로 주기를 버텨야 한다. 능숙한 투기꾼이라면 시장의 위아래 양방향을 타고

더불어 흐름으로써 시황에 관계없이 항상 돈을 벌 수 있어야 한다.

시장이 한 번 방향을 바꾸면 그 추진력이 약화되기 전까지는 계속 새로운 추세를 유지하려는 경향이 있다. 이는 움직이는 물체가 계속 움직이려고 하는 관성과 같다. 추세를 거스르지 마라. 시장을 이기려고 하지 말라는 뜻이다.

자유시장의 시스템 안에서 주가는 등락을 거듭한다. 주가가 언제나 오르는 경우는 없으며 언제까지 떨어지기만 하는 경우도 없다. 이것은 명민한 투기꾼들에게 더할 나위 없이 근사한 선물이다. 시장이 오르거나 내리거나 양쪽으로 투자할 수 있기 때문이다.

그림 〈주가습성1〉은 리버모어가 말하는 주기의 속성을 잘 나타내고 있다. 삼성전자의 주봉차트를 보면, 일정하게 주기를 형성하면

그림 1 〈주가습성1〉

서 시세를 형성하는 흐름이 나타난다. 비록 어떤 구간에서는 주기의 시차가 달리 나타나지만, 근본적인 흐름을 본다면 정확한 주기를 보이면서 시세가 진행되고 있음을 확인할 수 있다.

그림 2 〈주가습성2〉

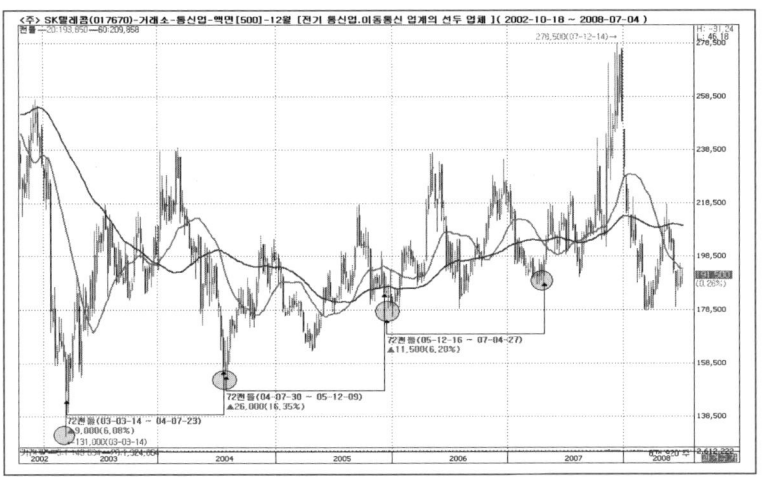

그림 〈주가습성2〉는 주기의 속성을 보여주고 있다. 저점주기가 짧아진 것처럼 보이지만 크게보면 주기가 분할되어 나타났으며 전체 주기에는 변함이 없는 모습을 보이고 있다.

시간요소의 중요성

리버모어의 투자전략은 전적으로 시간요소로부터 도출되었다. 시간요소란 '거래의 시기'를 의미하며, 적절한 시기에 시장에 진입하거나 빠져나와야만 한다는 것을 의미한다. 주식투자에는 인내심이 필요하며, 인내심만 있다면 이익을 얻을 수 있는 기회는 스스로 모습을 드러내기 마련이다.

리버모어는 지속적으로 수첩에 주가를 기록하고 관찰함으로써 그로부터 시장이 변화하기 전에 보여주는 어떤 특징적인 패턴을 찾아내려고 노력했다. 그가 찾으려 했던 것은, 거래가 활발하게 이루어지는 주식들 중에서 주가가 상승 또는 하락하기 전에 보여주는 특징적인 움직임이었다. 이때는 가격과 거래량이 핵심이다.

초기의 리버모어는 극히 짧은 시간을 기준으로 단기적인 주가의 등락을 이용해 차익을 실현하곤 했다. 그가 처음으로 주식을 매매하기 시작했던 주식방에서는 더욱 신속한 판단을 내려야 했고, 그것이 통했었다. 그러나 뉴욕에서는 그것이 통하지 않았고, 그래서 좀더 긴 시간주기를 고려해야만 했다. 투자결정에 '시간'이 중요한 요소로 고려되어야 한다는 점을 배운 것이다. 또한 시간요소를 고려하게 됨으로써 그는 자신만의 매매기법을 발전시킬 수 있었다.

그림 3 〈시간요소〉

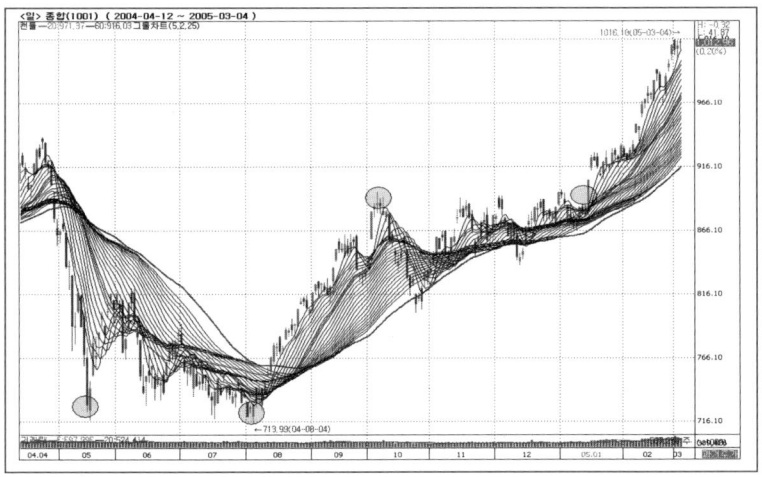

그림 〈시간요소〉는 KOSPI 차트다. 급락한 지수는 곧바로 상승하지 못하고 수렴작용을 하면서 바닥을 다지다가 추세전환의 시그널이 나오고 나서야 급등했다. 이후 상승흐름도 마찬가지로, 첫 상승고점을 찍고 한동안 횡보조정을 보이다가 일정한 시간이 지난 뒤에 전고점을 뚫는 파동이 나오면서 급등하는 모습을 보여주고 있다.

전고점과 전저점을 이용하라

리버모어는 경험을 통해 시세의 최고점과 최저점에서 거래하려는 것이 무모한 짓이라는 진리를 깨달았다. 누구나 쉽게 배울 수 있

264

으면서 실천하기 어려운 것이, 시세의 처음 또는 마지막 1/8을 잡으려는 시도를 포기하는 것이다. 어떤 주가가 68~70달러까지 수월하게 올라갔다면 65달러까지는 쉽게 하락할 수도 있으며, 이는 통상적인 '조정'이라 할 수 있다. 하지만 조정폭이 대략 그 수준이라 하더라도 주가의 상승세가 재개될 때까지 많은 기간이 소요되면 곤란하다. 그리고 다시 상승할 때는 반드시 신고가 수준까지 올라가야 한다. 그리고 바로 이때가 '시간요소'가 고려되어야 할 시점이다.

세상에 알려진다면 사람들이 무척 놀랄 만한 리버모어만의 매매기법이 있다. 상승추세가 진행중이라는 것을 확인하면, 주가가 일시적인 조정을 보인 후 신고가를 경신할 때 매수했다는 사실이다. 공매도를 할 때도 그는 동일한 방법을 적용해왔다. 신저가를 경신할 때 더 후려쳤다는 것이다. 그것은 그가 그 추세를 추종하기 때문이다. 리버모어의 기록은 계속해서 더 나아가라는 신호를 보내주곤 했다.

그는 절대로 주가가 조정받고 있을 때 매수하거나, 상승하고 있을 때 공매도하지 않았다. 만약 처음 거래에서 수익이 발생하지 않았다면 동일한 방향으로는 절대로 두 번째 거래를 하지 않은 것이다.

그림 4 〈이상조정1〉

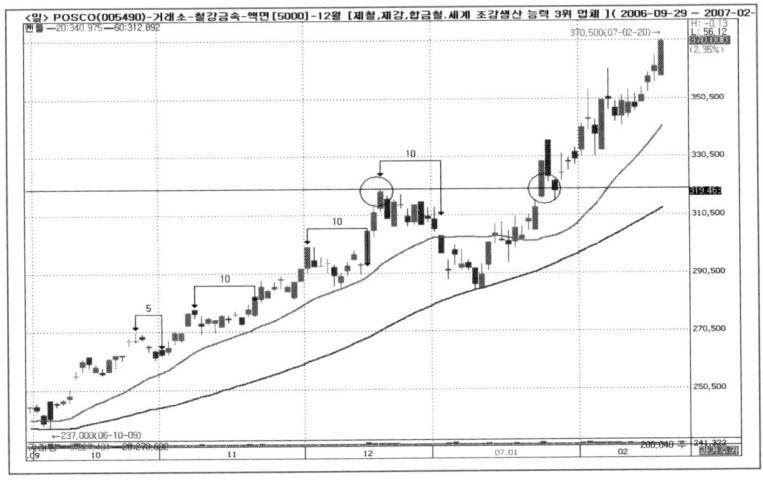

그림 〈이상조정1〉 은 포스코의 차트다. 기존 상승추세에서는 일
반적인 조정에서 벗어나지 않고 5 ~10일 이내에 상승을 시도했다.
그런데 10일 이내 조정을 보이고 상승하는 주가가 어느날 크게 급
락하였다. 이런 상황에서 빠른 시일 이내에 전고점을 돌파하는 흐름
이 나와 다시 상승세를 이어갔다.

그림 〈이상조정2〉는 삼성전자의 차트다. 일반적인 조정이라고
판단할 수 있는 20일선 지지를 지속적으로 보이다가 어느날 급락
하는 모습을 보였다. 다시 반등했지만 재차 하락하여 추세가 하락
으로 바뀌는 모습이다. 큰 조정 이후 빠른 시일 이내에 전고점을 돌
파하지 못하면 매수하지 말라는 의미는 바로 이런 경우를 두고 하
는 말이다.

그림 5 〈이상조정2〉

추세전환의 신호를 읽어라

'잘 정의된 추세' 라는 것은 주식시장에서 그다지 빈번하게 나타
나지 않는다. 그런 추세는 4~5년에 잘해야 한 번 정도 형성될 뿐이
다. 그러나 상대적으로 짧은 기간이기는 하지만, 그런 기간의 사이
사이에도 제법 그럴듯한 추세들이 분명 존재한다

리버모어가 자주 범한 실수들 중의 하나는 '빈번한 거래' 였다. 지
나치게 일찍 이익을 실현함으로써 벌 수 있었고 벌어야만 했던 이
익을 놓쳐버린 것이다. 이것은 차익을 실현하는 방법상의 문제였다.
그가 이러한 문제를 발견해 낼 수 있었던 것은 자신의 매매내역을
분석하고 반성했기 때문이다. 당시에는 강세장이 진행되고 있었고,

강세장에서 단기차익을 실현한 후 그가 기다리고 있었던 것은 조정이었다. 하지만 기다리던 조정은 끝내 나타나지 않았다. 계속 상승했던 것이다. 이로써 그는 전체 시장의 중요성을 깨달았다. 전체적인 관점에서 시장을 바라보면 시장의 움직임이 개별 종목에 어떤 영향을 미치는지 알 수 있다.

현명한 투기꾼이라면 누구나 위험신호를 경계하게 마련이다. 하지만 신기하게도, 대부분의 투기꾼들이 겪게 되는 어려움은 바로 자신들의 내부에 잠재되어 있는 무언가가 자신들이 보유하고 있는 포지션을 청산해야만 할 시점에 그렇게 할 수 있는 용기를 불러일으키는 것을 방해한다는 점이다. 만일 시장이 진짜로 움직이기 시작했다면 그 움직임이 바로 다음날 멈추지는 않는다. 진정한 시장의 움직임을 멈추기 위해서는 시간이 걸리는 법이다.

시장을 예측하는 것은 도박이다. 투자자들이 향후 시장의 움직임을 적중시킬 수 있는 확률은 매우 희박하다. 그래서 리버모어는 시장이 스스로 신호를 보낼 때에만 그 신호에 대응하는 능력을 키우려고 부단히 노력했다. 주가가 하락할 때 시장을 급락시키는 추진력은 대중들이 느끼는 공포다. 상승장에서의 추진력은 희망이다. 하지만 리버모어는 다만 '전환신호(Pivotal Point)'를 기다렸다.

투자자들이 과거의 주가흐름, 즉 '패턴'과 친숙해진다면 이를 통해 수익을 낼 수 있을 것이다. 주식시장에는 새로운 일이 전혀 일어나지 않으며 가격의 움직임은 단지 반복될 뿐이라는 사실 그리고 비록 서로 다른 주식들 사이에는 다양한 변화가 있더라도 일반적인 가격 패턴은 동일하다는 점을 깨닫게 되기까지 그는 실로 많은 세월을 거래에 전념하며 보냈다.

한 세대가 지나면 '과거의 일'이라고 치부해버리고, 과거의 오류는 다시 반복될 리 없다고 믿기 때문에 역설적으로 과거와 비슷한 일들이 유사한 패턴으로 반복된다. 예컨대 17세기 네덜란드의 튤립 투기, 19세기 초반 식민지의 금광 투기, 19세기 중반 미국 증시의 주가조작과 철도 버블, 1929년의 대공황이 다 비슷한 패턴을 보인다. 오늘 일어났던 일은 과거에 일어났던 일이며, 미래에 일어날 일이기도 하다.

운좋게 몇 번의 수익을 얻는다 하더라도 추세가 바뀌면 단 한 번의 실패로 그동안 모아두었던 수익은 물론 원금마저 잃을 수 있다. 물론 여기에서 그치면 그나마 다행이다. 앞서 수익을 얻을 때 지렛대로 작용했던 부채는 어느새 자신을 끝없는 구렁텅이로 몰아넣는 함정으로 변해 있을 것이다.

특정 주식이 지니고 있던 개성이 크게 변화하는 것과 같은 비정상적인 움직임은 매우 두려워해야 할 조짐이다. 하루이틀 이상징후를 보이다가도 다시 활기를 되찾고 거래량이 돌아오면 다행이지만, 한동안 계속된다면 긴장해야 한다. 일중에는 얕은 조정을 보이더라도 며칠 동안 아주 강력하게 상승세가 지속되어야만 '아직 살아 있는 주식'이다.

물론 조만간 그 주식은 통상적인 조정을 받게 되는 지점에 다다르게 될 것이다. 어떤 주식이 확고한 추세를 형성할 경우, 조정이 나타나더라도 첫 번째 조정이 일어났던 것과 동일한 선상에 위치하는 것이 자연스럽기 때문이다. 이러한 유형의 주가움직임의 초반부에는 직전 고점과 뒤따라 나타나는 고점까지의 가격차는 그리 크지 않다. 하지만 시간이 경과함에 따라 주식이 점점 더 빨리 위로 전진한다는 점을 깨닫게 될 것이다.

시장을 인정하라

리버모어를 포함해 많은 투자자들이 주식시장에서 느끼게 되는 인간의 감정적 약점에 대해 연구했다. 인류는 '희망'이라는 긍정적 사고방식으로 지금껏 커다란 진보를 이룰 수 있었고 그 어떠한 어려움도 극복할 수 있었다. 하지만 리버모어는 투자자들이 경계해야할 감정으로 무지, 공포, 희망, 탐욕을 꼽는다. 알지 못하기 때문에 두려워하고, 막연히 기대하기 때문에 탐욕스러워진다는 것이다.

시장이 틀리는 법은 없다. 시장에 대한 사람들의 의견이 틀릴 뿐이다. 투기라는 사업에 희망과 공포를 섞으면 그 둘을 서로 혼동하다가 결국은 무서운 재앙에 직면하게 될 것이다.

누구나 상당한 정확성을 가지고 앞으로 있을 중대한 움직임을 예측할 수 는 있다. 하지만 그러기 위해서는 인내심이 필요하다. 그렇다고 해서 수동적인 투자자가 되어서는 안 된다. 종종 투자자들은 단지 자신들이 대가를 지불하고 주식을 매수했다는 이유만으로 엄청난 손실을 감내하려 한다.

주식시장이 미끄러지듯이 하락하기 시작하면 어느 누구도 바닥을 단언할 수는 없다. 마찬가지로 주식시장이 광범위하게 상승하고 있을 때는 어떤 개별주식의 주가가 궁극적으로 얼마나 상승할지는 그 누구도 추정할 수 없다. 하지만 어떤 개별주식의 주가가 단지 '비싸 보인다'고 해서 매도해서는 안 된다. 어떤 주식의 주가가 10달러에서 50달러까지 상승한 것을 보고 그 주식이 너무 높은 수준에서 거래되고 있다고 생각할 수도 있을 것이다. 반대로 주가가 직전 고점에 비해 큰 폭의 하락을 기록했다고 해서 매수의 유혹을 느낄 수도 있을 것이다. 하지만 십중팔구 그 주식의 주가가 상승 또는 하락한 것에는 그럴 만한 이유가 존재할 가능성이 높다. 현재 매우 싸 보인다고 해도 여전히 주식이 가지고 있는 가치에 비해서는 매우 높은 가격일 수 있으며, 현재 매우 비싸 보인다고 해도 여전히 주식이 가지고 있는 가치에 비해서는 매우 낮은 가격일 수 있다는 점을 명심하라. 추세만 흔들리지 않는다면, 과거에 주가가 머물렀던

저점이나 고점 영역은 잊어버리려고 노력하라.

시험 및 피라미딩 전략(probing and pyramiding strategies)

리버모어는 투자자들에게 분할매수와 손절매 원칙을 강조한다. 때때로 우리는 자신이 '투기'가 아니라 '투자'를 했다고 생각하고, 손절매란 투기하는 사람들에게나 필요한 것이지 자신에게는 해당되지 않는다고 생각하게 된다. 하지만 이러한 '수동적 투자자'들은 대부분 시장에서 이내 사라져버린다.

손실을 입고 있거나 주식투자로 큰 낭패를 본 사람들의 실패담을 들어보면 대부분이 손절매 원칙만 지켰어도 겪지 않아도 될 사례들이다. 우리는 알 수 없는 미래에 불안감을 느끼며 리스크를 감소시키기 위해 보험에 가입한다. 주식투자에서도 보험이 필요하며, 이것이 바로 손절매의 개념이다. 일반적으로 보험은 불행한 일이 발생하고 나서야 효력을 발휘하지만, 손절매라는 보험은 불행한 사고가 발생하지 않도록 예방해주는 역할을 한다.

리버모어는 위험을 최소화한 상태에서 먼저 시장을 테스트했다. 소규모 금액으로 자신의 판단이 옳은지를 시험해보는 것인데, 그러려면 이미 거래에 대한 계획이 명확히 세워져 있어야 한다. 만약 소규모 테스트에서 자신의 판단이 옳은 것으로 판명되면 계획에 따라

실천에 옮기는 것이고, 테스트에서 손실을 입었다면 겸허하게 그 손실을 받아들이는 것이다. 이런 방식은 기회가 왔을 때 확실한 수익을 얻을 수 있게 해주고, 또한 그 수익을 길게 키워나갈 수 있게 해준다.

사전계획이 분명하다면 분할매수도 결코 지루하거나 불안하지 않다. 리버모어의 친구 버나드 바루치는 "재빨리 손실을 끊어버릴 수 있는 감각만 가지고 있다면, 설사 올바른 결정을 내리는 비중이 열 번 중 서너 번밖에 안 된다 하더라도 결국은 큰돈을 벌 수 있다"고 말했다. 그 역시 손절매의 중요성을 강조한 것이다. 분할매수는 손절매의 손실도 최소화해준다.

결국은 자기분석이 관건이다

바다는 늘 변화무쌍하다. 미풍조차 없는 고요한 날이 있는가 하면 거대한 파도가 이는 날도 있다. 바다에서는 어떤 일이 벌어질지 아무도 알 수 없다. 하지만 바다는 일부러 인간을 위협하기 위해 폭풍을 일으키거나 해류를 바꾸지 않는다. 주식시장도 바다와 마찬가지로 투자자들을 위기로 몰아넣기 위해 폭락하거나 투자자들을 돌보기 위해 일부러 상승하지는 않는다. 바다에서 살아남으려면 바다에 순응해야 하듯이, 주식시장에서 살아남으려면 추세에 순응해야 한다.

각각의 주식들은 사람들과 마찬가지로 개성과 인격을 가지고 있다. 어떤 주식들은 쉽게 흥분하고 신경질적인 반응을 나타내거나 급변하는 반면, 솔직하고 직접적이면서 논리적인 주식들도 있다. 숙련된 트레이더는 개별주식들에 대해 배우면서 각각의 주식들을 존중한다. 그러한 존중을 통해 변화하는 환경의 틀 속에서 해당 주식들의 행동을 예측하게 된다.

리버모어는 생활패턴도 철처하게 관리하려고 노력했다. 친구들과 아무리 즐거운 만남이 있더라도 매일 저녁 10시 이전에는 잠자리에 들었으며, 오전 6시 전에는 일어나 한두 시간 동안 밤사이 일어난 일들을 분석하고 그날의 매매전략을 계획하곤 했다. 매일 일정한 시간에 사무실로 출근했고, 그 누구로부터의 간섭을 받지 않으려고 노력했다.

그에게 주식투자란 장중에만 이루어지는 것이 아니었다. 리버모어의 생활은 그 자체로 투기를 위한 훈련장이었다. 생활을 관리함으로써 그는 자신의 감정을 다스리려고 노력했다. 매일 지나간 매매기록을 분석하는 것도 그러한 훈련의 일환이었다. 물론 그것은 정서적으로도 매우 힘든 일이다.

투기꾼은 시장만이 아니라 자신을 분석할 수 있어야 한다. 그것이 인간의 심리를 이해하는 가장 빠른 길이고, 인간의 심리는 주식시장을 지배하는 가장 큰 원동력이기 때문이다. 자신을 분석하다보면 결과적으로 주식시장에서 반복적으로 나타나는 패턴을 발견할 수 있게 된다.

리버모어는 인간의 심리도 깊이 공부했다. 인간이기에 가질 수밖에 없는 약점과 시장에서 저지를 수밖에 없었던 실수들에 대해 그는 끊임없이 고민했다. 오늘날에도 주식시장에서 나타나는 인간의 비이성적 행동에 대해 '행위금융론' 등의 분야에서 연구가 계속되고 있는데, 이는 그가 생각했던 것처럼 주식시장은 자로 잰 듯한 과학적 이론이 들어맞는 곳이 아니며 인간의 심리에 가장 커다란 영향을 받고 있다는 점을 방증하고 있는 예라고 할 수 있다.

기업경영이란 항상 여러 가지 변수를 생각해야만 한다. 국내경기는 물론 해외경기를 살펴야 하며, 환율과 유가는 물론 금리도 감안해서 사업계획을 세우고 대처해야만 한다. 기업활동은 기업과 관련되어 있는 여러 이해당사자들과도 밀접하게 연결되어 있다. 외부적으로는 여러 협력업체, 고객, 동일한 사업을 하는 경쟁업체들의 동태를 살펴야 하고, 내부적으로는 인사관리, 재무관리, 회계, 연구개발, 제조, 판매, 홍보 등 신경써야 할 부분이 한두 가지가 아니다. 게다가 경제는 살아 있는 유기체와 같아서 항상 변화하므로 계획도 계속해서 수정하고 피드백의 과정을 거쳐야만 한다.

리버모어는 주식투자를 이러한 기업활동에 비유했다. 투자전략을 세울 때는 단지 주가의 단기적인 등락이 아니라 시장 전체를 보고 해당 국면을 이해하고 대책을 세워야 하며, 투자자금도 기업활동과 마찬가지로 적재적소에 분배되고 관리되어야만 좋은 성과를 얻을 수 있다고 본 것이다. 그는 투자자에게 있어 현금은 기업의 재고(在庫)와 같아서 항상 확보해두어야만 실질적인 수입으로 연결시킬 수 있다고 강조했다.

차트로 이해하는 리버모어의 매매기법

객관적 정황들이 증폭될 때까지 충분히 기다린 후 결론을 내려라

리버모어에 관한 가장 흔한 오해들 중 하나가 그를 '기술적 분석가'로 단정하는 것이다. 오히려 리버모어는 기술적 분석가들이 시장에서 실패하는 이유에 대해 '융통성의 부족'을 들고 있다. 그는 지나치게 차트에만 집착하면 매우 비싼 대가를 지불하게 될 것이라고 경고한다. 투기라는 게임에서는 그것을 규제하는 룰이 아무리 엄격하다 할지라도 수학적 계산이나 정해진 규칙만으로 모든 것을 설명할 수 없다는 것이다.

물론 리버모어는 항상 주가테이프를 통해 주가의 움직임을 읽었다. 그것은 마치 오늘날 우리들이 HTS를 통해 틱차트(tick chart)를 보는 것과 같다. 사실 눈앞에서 끊임없이 등락하는 주가에 현혹되지 않기란 결코 쉬운 일이 아니다. 따라서 주가움직임에 휘둘리지 않으려면 헤아릴 수 없을 정도의 반복적인 훈련과 견고한 원칙이 있어야 한다.

숫자를 이용한 매매기법

어떤 주식의 주가가 특정한 가격, 가령 100달러-200달러-300달러를 최초로 돌파할 때에는 이전보다 훨씬 더 탄력적으로 상승하는 경향이 있다. 리버모어는 이러한 경향을 '가격돌파기법' 으로 활용하였다.

그림 6 〈가격돌파〉

그림 〈가격돌파〉는 삼성전자의 차트다. 주가가 특정 가격인 50만 원을 돌파하자 강력한 시세를 분출하고 있다. 특정한 주기를 가진 5단위, 10단위 가격은 강력한 지지나 저항의 에너지를 가지고 있다는 점을 이용한 매매기법이다.

그림 7 〈가격붕괴〉

그림 〈가격붕괴〉는 고점에서 추세이탈하는 삼성전자의 차트흐름
이다. 추세이탈이 되는 60만 원이 붕괴되자 급락하면서 추세가 전
환되는 모습을 보이고 있다. 그리고 저점으로는 40만 원이 지지되
면서 바닥을 형성하였다. 특정한 가격대인 10만 원 단위의 가격이
지지와 저항으로 작용한 케이스다.

과학적인 분할매수기법

리버모어는 매수하지 못할 정도로 비싼 주식도 없고 공매도를 시
도하지 못할 정도로 싼 주식도 없다고 믿었다. 판단만 옳다면 투기
꾼은 강세장의 편에 설 수도 있고 약세장의 편에 설 수도 있다. 그에

게는 강세장이건 약세장이건 아무런 차이가 없었다. 다만, 첫 번째 거래가 잘못된 것으로 드러나 주가움직임이 부정적일 때는 곧바로 포지션을 청산해버렸다. 물론 이는 매우 어려운 결단에 속한다.

리버모어의 경우, 맨 처음에는 전체 포지션의 20%를 매수하고, 두 번째로 20% 그리고 세 번째로 다시 20%를 매수한다. 그리고 확신이 들 때까지 기다렸다가 마지막 40%를 추가매수한다. 그는 전체 포지션을 구성함에 있어 각각의 매수단계를 각각 중요한 단계로 여겼다. 이 프로세스 안에서 언제라도 주가가 자신의 예측과 반대로 움직인다 싶으면 '10% 손절매 원칙'이 유지되는 선에서 모든 포지션을 청산하였다.

그림 8 〈분할매수〉

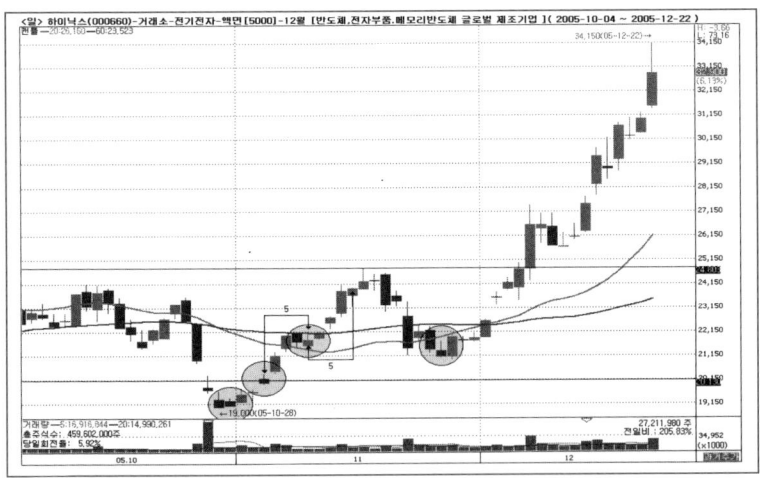

그림 〈분할매수〉는 하이닉스 차트다. 바닥이라고 생각하는 시점에서 1차 매수를 하였으며, 의미있는 가격인 2만 원 돌파시에 2차 매수를 하였다. 그리고 안정적인 상승이 되는 상황에서 3차 매수를 하고 일단 시세흐름을 지켜보았다. 이후 상승이 지속되는 과정에서 첫 조정이 나왔지만 평균단가 이하로 내려오지 않았기 때문에 홀딩했으며, 조정을 받는 주가가 추세전환되거나 전고점 돌파를 하려고 할 때 마지막 매수를 하였다. 리버모어는 이처럼 일반적인 추세전환의 메커니즘을 이용하여 파동이론에 부합하는 분할매수기법을 사용하였다.

'짝짓기 매매' 기법

러비모어는 선도업종 내의 소수의 선도주들에 관심을 집중해야 한다고 강조했다. 그는 주도주들의 주가가 유사한 움직임을 보인다는 것을 발견하였고, 이러한 현상을 '명백한 집단화 경향'이라 불렀다. 그는 이처럼 일련의 주도주들이 유사한 움직임을 보이는 것에 대해 해당 산업의 업황이나 향후 전망이 산업 전체에 영향을 미치기 때문이라고 설명했는데, 이는 오늘날 기본적 분석의 대전제가 되었다.

선도주 매매기법

1929년 주식시장이 급락했을 때도 시장은 불과 한 달 전까지 정점을 형성했었다. 이 무렵 리버모어는 자신이 '시장의 핵심(Market Key)' 이라 부른 독특한 분석법을 사용했다. 이는 선도업종에 속한 대표적인 두 종목의 주가를 연관시켜 분석함으로써 해당 주식들의 진정한 추세형성 여부를 판단하고 이를 매매에 적용하는 기법이다.

언제나 주식시장이 새로운 강세장으로 진입할 때는 추세를 이끄는 선도주들이 있게 마련인데, 이 선도주들이 속한 산업은 바로 직전 강세장에서의 선도업종이 아닌 경우가 많다. 이것은 경제도 살아 있는 생명체처럼 순환하기 때문이며, 경제가 성장하는 동력 또한 순환하기 때문이다.

전환신호(Pivot Points) 활용법

리버모어는 기술적 분석가들이 시장에서 실패하는 이유를 유연한 사고의 부족으로 지적한 바 있다. 이는 "예상보다는 대응"이라는 투자격언과도 일치한다. 아무리 훌륭한 예측능력을 가지고 있는 사람도 항상 시장의 움직임을 예측할 수는 없다.

"로마는 하룻밤에 이루어지지 않았다"는 말도 있듯이, 지금까지

시장의 움직임이 논리적인 것이었다면 하루 내지 일주일 만에 그러한 추세가 종말을 맞이하지는 않는다. 시장이 다시 새로운 논리적인 과정을 밟기 위해서는 시간이 필요한 법이다. 여기서는 최근 48시간의 시장흐름이 대단히 중요한 의미를 지닌다. 이는 시장에 참여함에 있어 가장 중요한 시간이기도 하다.

리버모어가 생각하는 추세전환의 신호 중에서 가장 대표적인 것은, 주가가 전고점을 번번이 넘지 못하고 주춤거리는 양상이 보이는 것이다. 그는 이를 상투로 읽었다. 반대로 주가가 전저점을 깨지 않고 바닥을 다지고 있는 움직임을 보이면 대바닥을 완성했다고 보았다.

그림 9 〈추세전환1〉

그림 〈추세전환1〉는 삼성전자의 차트다. 대개는 직전 고점을 돌파하면서 시세를 내는 것이 일반적인데, 이 차트는 고점에서 횡보국

면으로 바뀌고 추세수렴이 한동안 진행되고 있다. 결국에는 전고점을 넘지 못하고 횡보국면을 보이다가 급락하는 양상을 보이고 있다.

그림 10 〈추세전환2〉

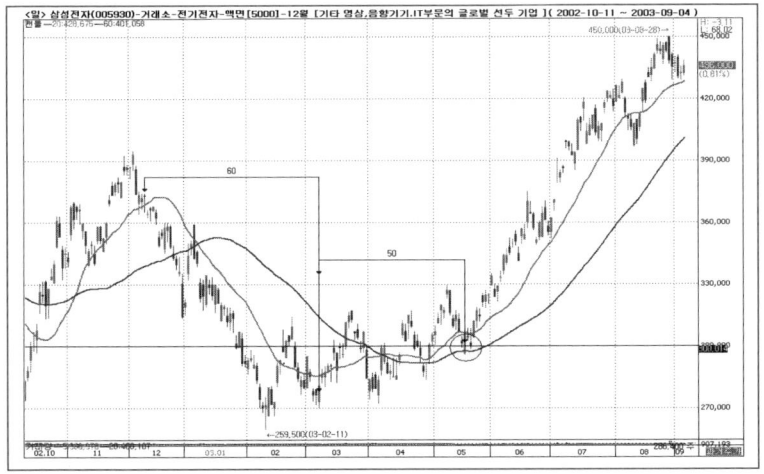

그림 〈추세전환2〉도 삼성전자의 차트다. 주가가 20일선을 이탈하면서 쌍바닥까지 50일 동안 진행되다가 횡보국면을 보이면서 주가가 급락했지만, 결국 전저점을 깨지 않는 흐름이 한동안 지속되었다. 그리고 쌍바닥 이후 50일이 지나자 조정다운 조정을 보이지 않고 급등랠리를 보였다.

일반적으로 잘 알려진 패턴으로는 '이중바닥(Double Bottom)형'과 '역(逆)헤드앤숄더(Reverse Headand shoulder)형'이 있다. 리버모어가 매수의 시점으로 즐겨 잡은 형태는 이중바닥형이며 알파벳 'W' 모양을 하고 있다.

최소저항선 돌파법

리버모어는 직전고점을 '최소저항선'이라 불렀다. 이 최소저항
선은 그가 피라미딩 전략을 사용하면서 마지막 40%의 물량을 확보
하는 시점이었으며, 향후 주가가 지속적으로 상승하기 위해서는 대
량거래를 수반하면서 반드시 돌파해야 하는 가격이기도 했다. 리버
모어는 항상 주가의 움직임과 함께 거래량을 중시했다. 이 패턴에서
는 주가가 신고가를 돌파하고 난 이후 매물대의 공백으로 거래량이
줄어들면서 급등하는 현상을 볼 수 있다.

그림 11 〈최소저항선〉

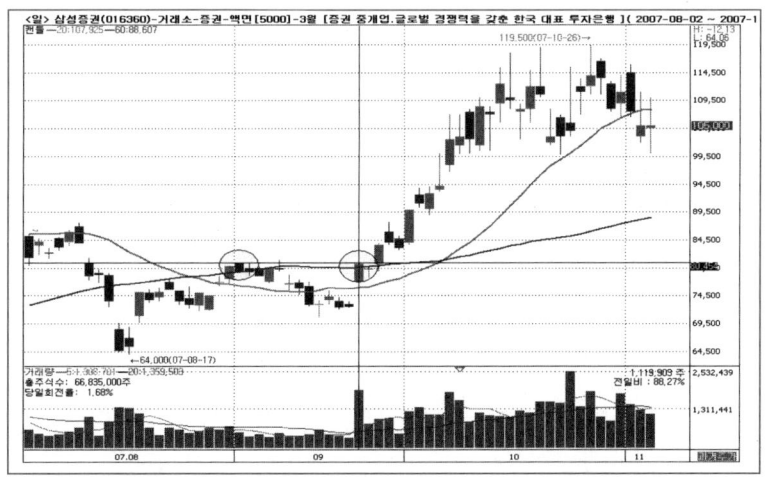

그림 〈최소저항선〉은 삼성증권의 차트다. 리버모어는 상승추세
에서 나타나는 의미있는 큰 조정을 '최소저항선'이라고 말했는데,

이는 상승추세가 시작되려면 반드시 넘어야 하는 저항선을 의미한다. 이 차트는 최소저항선 근처에서 대량거래를 동반하고 돌파하는 파동이 나오면 강력한 시세분출로 판단하고 매수를 해야 한다는 사례를 잘 보여주고 있다.

하락반전형 일봉기법

리버모어는 주로 일중 움직임을 보고 추세전환을 파악했는데, 주가가 전일 시세보다 높이 시작하고도 종가가 전일 시세를 붕괴하는 흐름이 나오면 추세전환의 신호로 간주했다. 또한 전일 큰 시세를 주었지만 당일 주가가 낮게 시작하여 시가를 붕괴하는 흐름이 나올 때도 추세전환으로 보았다.

〈하락신호 캔들〉

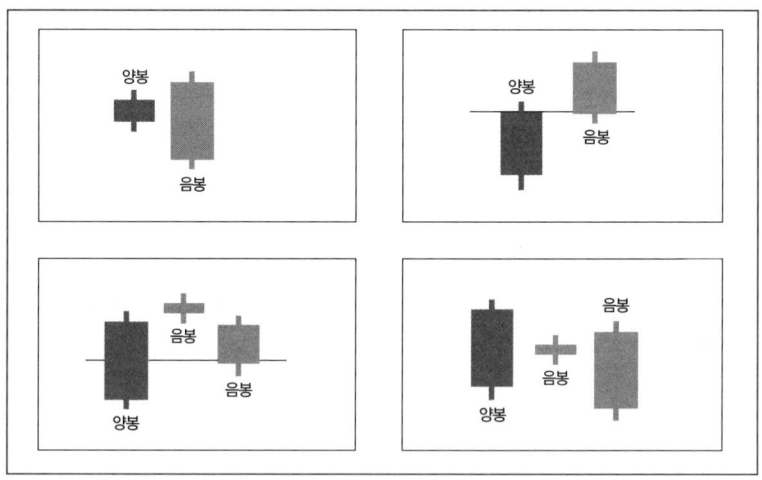

그림 〈하락신호 캔들〉은 대표적인 하락전환 신호들이다. 리버모어는 강력한 상승이 되는 날의 시가나 종가를 중요한 기준선으로 삼았으며, 대량거래를 동반하며 중요한 지지선이 붕괴되는 흐름이 나올 때 추세전환으로 보았다.

그림 12 〈캔들 변곡〉

그림 〈캔들 변곡〉은 삼성전자의 차트다. 시장이 과열되는 흐름이 나온 이후에 전일 갭상승한 시가의 지지선을 붕괴하는 흐름이 나오고 추세전환이 되었다.

신고가 돌파기법

오늘날의 추세매매자들이 리버모어를 추세매매의 원조로 인정하는 이유는, 그가 신고가를 돌파하는 종목을 매수하는 기법을 실질적으로 사용했던 거의 최초의 인물이기 때문이다.

리버모어는 주가가 아무리 높게 올랐다 할지라도 추세전환의 시그널이 나오지 않으면 공격적으로 매수했으며, 반대로 아무리 주가가 하락했다 할지라도 추세전환의 시그널이 없으면 매수에 가담하지 않고 오히려 공매도로 두드리곤 했다.

그림 13 〈신고가〉

그림 〈신고가〉는 금호산업의 차트다. 주가가 급등하면서 좀처럼 돌파하지 못했던 고점을 돌파하고 있는데, 이러한 흐름이 나오면 이후 강력한 상승을 보이는 경우가 있다.

쉬는 투자법

간혹 승률이 90%를 웃도는 사람들을 볼 수도 있고, 수십 번을 매매하면서 단 한 번도 손실을 입지 않은 사람도 볼 수 있다. 하지만 건전한 자금관리 원칙을 따르지 않는다면 단 한 번의 실수로 그 모든 전적을 무화시킬 수도 있는 것이 바로 주식시장이다. 주식시장은 상승하는 기간이 1/3, 하락하는 기간이 1/3 그리고 횡보하는 기간이 1/3이라고 한다. 시장이 항상 추세를 형성하는 것은 아니다. 안정적인 추세를 형성하기 위해서는 시장 역시 쉬는 기간이 필요하다. 당연히 시장을 추종하는 투자자들도 이때는 쉬어야 한다.

10% 손절법

리버모어는 주식방의 '10% 규칙'을 통해 '10% 손절매 원칙'을 배웠다. 그는 풍부한 경험과 지식을 통해 포착한 추세전환 신호에 따라 거래하면서도, 진입 후 자신의 판단과 일치하지 않는 흐름이 나오면 곧바로 포지션을 정리하는 방법을 사용했다. 이때도 그는 10% 손절매 원칙을 철저히 지켰다. 몇 번이나 파산을 경험했던 그로서는 10% 손절매 원칙이야말로 마지막 보루이자 보험이었다.

　제시 리버모어가 위대한 이유는, 사람들이 '투기'라고 부르는 방식을 통해 가난한 농부의 아들에서 일약 미국 최고의 부자가 되었기 때문이다. 투기를 백안시하는 사람들도 있지만, 수익이라는 목표 앞에서 '투기'와 '투자'의 구분은 쥐를 잡는 데 흰 고양이와 검은 고양이를 구분하는 것과 같다.

　그래도 말이 나온 김에 투기와 투자를 한번 구분해보자. 투자의 달인 워렌 버핏은 주가동향보다는 기업동향에 주목했다. 즉 경영진의 자질이나 자기자본수익률 등 기업의 내재가치에 주목했을 뿐 하루하루 등락을 거듭하는 주가의 움직임에는 초연했다. 워렌 버핏을 방문한 피터 린치는 그의 집무실에 그 흔한 주가현황판 하나 없는 데 놀랐다고 한다. 그렇다면 투기란 무엇일까? 간단히 말해, '가치'보다는 '가격'에 주목하는 것이다. 지금 가격보다 비싸게 사줄 사람만 있다면 당장 주식을 사야 한다. 합리적이지 않은가? 투기가 나쁜 것이라고 일방적으로 말할 수 있을까?

주식매매가 불확실성을 다루고 있는 한, 투자와 투기는 경계도 모호할뿐더러 굳이 구분할 필요도 없다. 다만 '현명한 투자'와 '어리석은 투기'뿐만 아니라 '어리석은 투자'와 '현명한 투기'도 있을 수 있다는 점만 기억하면 된다. 제시 리버모어는 스스로 '현명한 투기'의 방식을 고안하고, 자신이 발견한 투기의 원칙을 평생 고수한 인물이다. 소설 형식으로 구성된 이 책이 그동안 베일에 싸여 있던 그의 인생을 철저하게 파헤치는 동안, 독자들은 자연스럽게 그의 주식매매 원칙을 흡수하게 된다. 동시에 청년기 미국 금융의 중심지 뉴욕과 부자들의 휴양지 플로리다에서 벌어지는 상류층의 풍속도가 흥미진진하게 펼쳐진다. 『위대한 개츠비』가 1920년대 주식시장의 투자열기에 휩쓸린 한 미국 청년의 순수한 사랑을 이야기했다면, 이 책은 동시대 가장 유명한 금융계 영웅들과 주인공의 가족사를 다룬다.

HTS와 각종 언론매체를 통해 쉴새없이 쏟아져나오는 주가시세의 홍수 속에서 투자의 중심을 지키기란 여간 어려운 일이 아니다. 간접투자가 아닌 이상, 그만큼 투자의 여지가 좁은 세상에서 우리는 살고 있다고 봐야 한다. 그렇다면 주식매매가 주는 짜릿한 흥분을 즐기면서도 꾸준한 수익이 가능한 방법이 있을까? 제시 리버모어가 모범답안에 가까운 해결책을 제시할 것이다. 손 안의 한 마리 새보다는 숲속의 여러 마리 새들에게 더 매력을 느끼는 사람들에게 이 책을 바친다.

이 책이 나오기까지 도움을 주신 전익균 대표를 비롯한 새빛 식구들에게 감사를 드리며, 저작권과 관련하여 노고를 아끼지 않은 김진우님에게도 사의를 표한다.

우연히 『어느 주식투기꾼의 회상(Reminiscences of a Stock Operator)』이라는 책을 접하고 제시 리버모어라는 인물에 매력을 느꼈다. 그에 대해 좀 더 알고 싶은 욕심에 이 책의 원서를 구입해 읽고 나서 그에게 푹 빠졌다. 제시 리버모어의 이야기를 다른 사람들과도 함께 나누고픈 생각이 들어 의욕적으로 번역에 착수했지만 직장생활과 병행하기란 쉬운 일이 아니었다. 결국 3년이 걸렸다. 그 동안 늦은 결혼도 했고, 귀여운 아들도 얻었다. 아내와 아들 다현이에게 감사의 말을 전한다.

김 병 록

제시 리버모어(Jesse Livermore)가 위대한 투자가로 오랫동안 사람들의 존경받는 이유는 체계적인 엘리트 교육과정이나 제도권의 경험 없이 어디까지나 개인투자자의 자격으로 불확실한 주식시장에서 큰 승리를 거두었기 때문이다.

리버모어는 '고독한 늑대'라는 별명처럼 거대한 비밀과 미스터리 그리고 침묵에 휩싸인 전설적인 인물이었다. 그의 전기와 투자기법과 철학이 공개되어 세간에 알려졌지만, 그가 개발한 투자기법에 관한 구체적이고 실제적인 적용기법은 여전히 제대로 연구되지 않고 있다. 이는 리버모어 스스로 차트를 가지고 자세히 설명을 한 적이 없었기 때문이다.

이 책은, 제시 리버모어의 생애와 투자철학을 소개한 국내외 서적들을 종합하여 새롭게 재편집하면서 그가 제시하는 투자기법을 국내 차트를 가지고 자세히 설명한 최초의 서적이다. 특히 『최고의 투기꾼 이야기』(리처드 스미튼 저, 김병록 역, 2007, 새빛)를 기본 콘텐

츠로 활용하였다.

이 책은 크게 3단계로 구성되었는데, 첫 단원은 리버모어의 생애를 위주로 구성하였고, 두 번째 단원은 리버모어의 투자철학을 위주로 구성하였으며, 세 번째 단원은 먼저 리버모어의 투자기법의 핵심을 요약한 후에 실제 국내 차트의 사례를 통해 독자의 이해를 돕고자 하였다.

사실 리버모어의 투자철학을 국내차트에 적용시킨다는 것은 매우 어려운 결정이었다. 리버모어 스스로 차트분석을 공개적으로 하지 않은 이상 분명 후인의 자의적 해석의 여지가 있기 때문이다. 그러나 현대의 기술적 분석의 원리를 동원하고 과학적 파동원리를 적용하여 리버모어의 투자기법을 최대한 복원하여 재조명하는 것도 투자자들에게는 좋은 가이드라인이 될 것이라고 판단하였다.

아무리 좋은 투자기법, 투자철학이라 할지라도 구체적인 설명이나 예가 없으면 제대로 이해하기 어렵고 활용하기 어렵다. 이 책은 초보투자자도 제시 리버모어의 탁월한 투자기법을 실전에서 적절히 활용할 수 있도록 하는 것을 목표로 그의 투자기법을 최대한 현대적이고 실용적인 방식으로 개량하였다.

편저자 역시 오랜 시간 파동이론에 몰입하여 연구해왔던 사람이기 때문에 제시 리버모어가 추구하는 매매기법에 대한 이해가 빨랐고 많은 부분에서 공통점을 발견할 수 있었다. 이렇게 나름대로 재해석한 리버모어의 투자기법은 개인적으로 국내 차트를 통해 실제 시장상황에 적용했을 때 완벽에 가까울 정도의 가이드 역할을 했다.

제시 리버모어는 평생에 걸쳐 주식과 관련된 숫자와 시간에 대해 연구하였으며, 수많은 시행착오를 거쳐 자신만의 이론을 완성하였다. 그는 숫자 안에 살아 있는 반복적인 패턴을 구분해냈고, 특별하게 반복되는 수리적 패턴을 발견했다. 또한 '시간'의 요소를 발견하여 순환주기 사이클을 매매에 이용했다. 그가 1907년이나 1929년의 대공황 속에서 오히려 큰돈을 벌 수 있었던 것도 바로 '순환의 법칙'을 이해하고 있었기 때문이다.

리버모어의 모든 원칙은 "인간의 습성에 반해야 한다"는 생각에 기초하고 있었다. 손실은 신속하게 잘라내라. 포지션을 처분해야 할 적당한 이유가 생기기 전까지는 수익에 전념하라. 시장의 선지자, 즉 주도주를 매매하라. 주도주가 고점을 상향돌파하고 신고가를 기록할 때 사라. 성장잠재력이 없는 저가주는 진정한 저가라고 할 수 없다. 주식시장은 영원히 오르는 법도 없고 영원히 내리는 법도 없다. 주식시장은 순환할 뿐이다. 그러나 시장이 일단 방향을 바꾸면 일정 기간 새로운 추세를 유지하게 된다. 절대로 추세를 거스르지 마라.

제시 리버모어는 투자심리에도 정통하였다. 그는 투자자들이 경계해야 할 감정으로 무지(無知), 공포, 희망 그리고 탐욕을 들었다.

"알지 못하기 때문에 두려워하고, 막연한 기대 때문에 탐욕스러워지는 것이다. 주식시장은 오로지 '현상'만을 다루는 곳이지만, 희망은 현상을 왜곡한다. 역사적으로 인간은 탐욕과 공포, 무지와 희망의 결과로 시장에서 동일한 행동양식을 보여왔다. 그것이 바로 수치적인 형태와 패턴이 지속적으로 반복되는 이유다."

제시 리버모어는 그 누구보다 개인투자자가 성공하기를 바랐던 사람이다. 그는 주식투자에 성공한 '개미'의 표상이었다. 이 책을 통해 제시 리버모어의 투자철학과 실전기법을 조금이라도 이해할 수 있게 된다면, 당신은 이미 성공투자가로 가는 첫 번째 관문을 통과한 셈이다.

임 상 현